巨大古墳の古代史

新説の真偽を読み解く

瀧音能之 監修

JN018382

宝島社新書

国宝級の発見！

富雄丸山古墳《とみおまるやま》の銅鏡と蛇行剣《だこうけん》

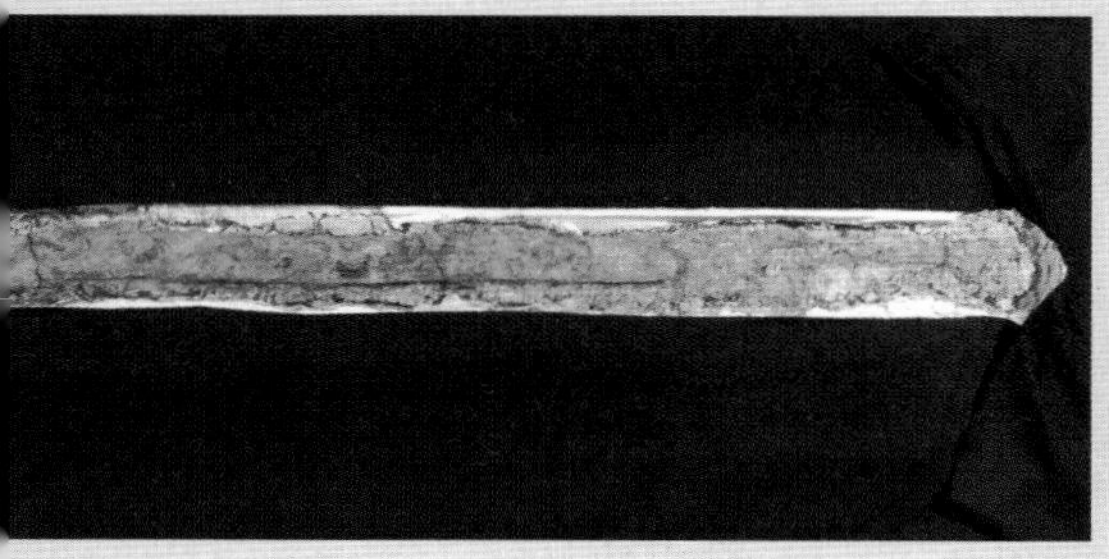

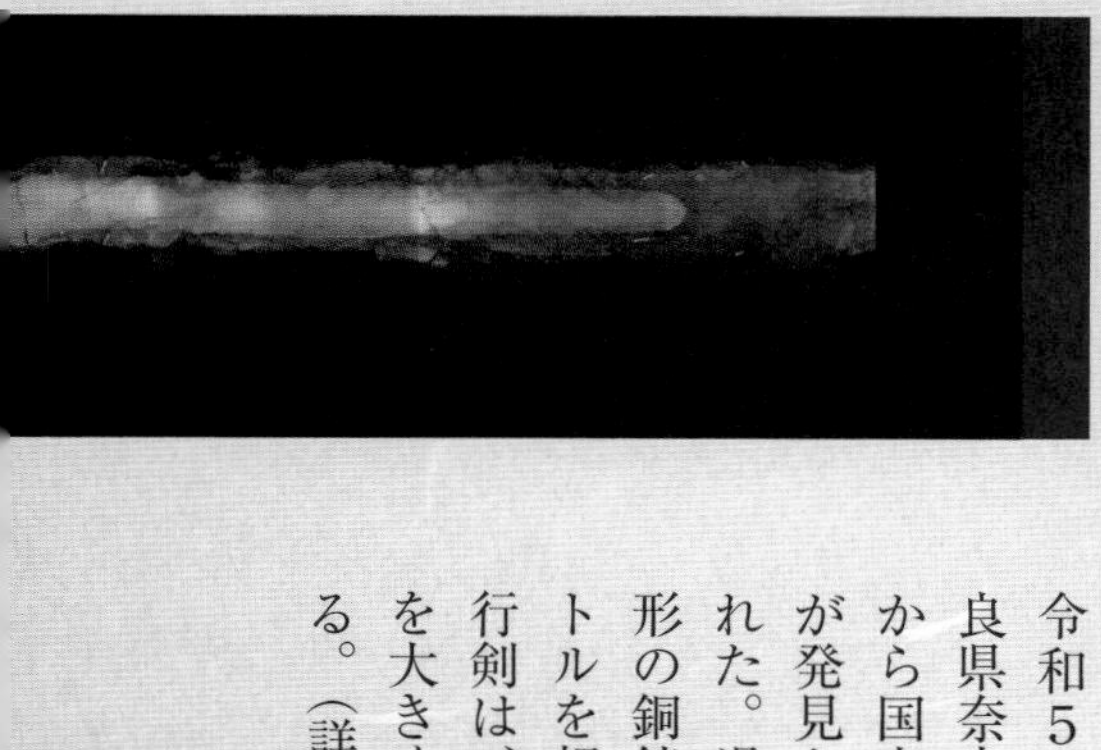

令和５年（２０２３）、奈良県奈良市の富雄丸山古墳から国宝級と評される遺物が発見されたことが発表された。過去に類例がない盾形の銅鏡と、長さが２メートルを超える国内最大の蛇行剣は、謎が多い古代史観を大きく変える可能性がある。（詳しくは第１章）

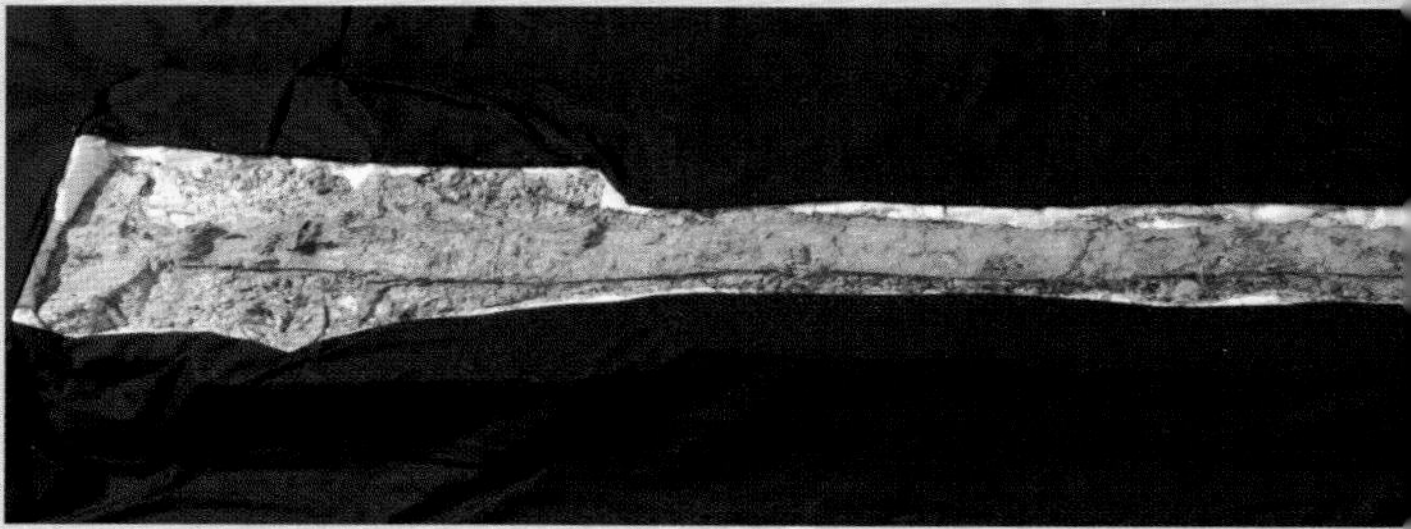

◇ 蛇行剣
長さは約2.37メートルある。これまで国内で出土した蛇行剣は85本あるが、この蛇行剣は最古にして最大のものである。
奈良市教育委員会 提供

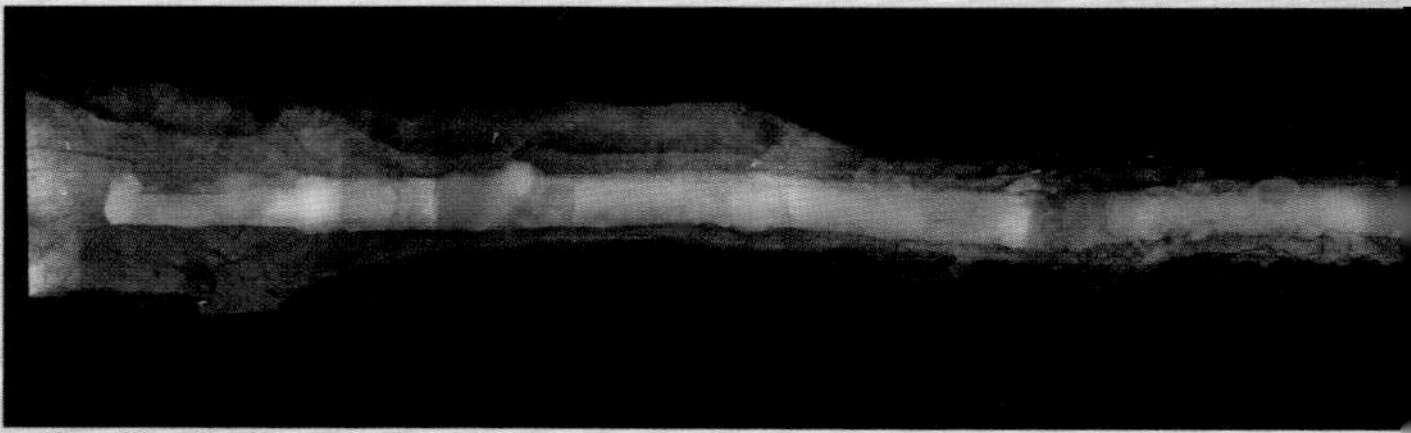

◇ 蛇行剣透過X線写真
（全体を14分割して撮影し、1枚に合成）
蛇のように曲がりくねる蛇行剣は、古墳時代における日本独自の形状である。実用的な武器ではなく、宗教儀礼のために用いられたと考えられる。
奈良県立橿原考古学研究所 提供

◇ 鼉龍文盾形銅鏡《だりゅうもんたてがたどうきょう》（裏面）

長さ約64cm、幅約31cmあり、国内で見つかった銅鏡の中で最大。背面の中央には、ひもを通したかもしれない鈕（ちゅう）と呼ばれる突起がある。

奈良市教育委員会 提供

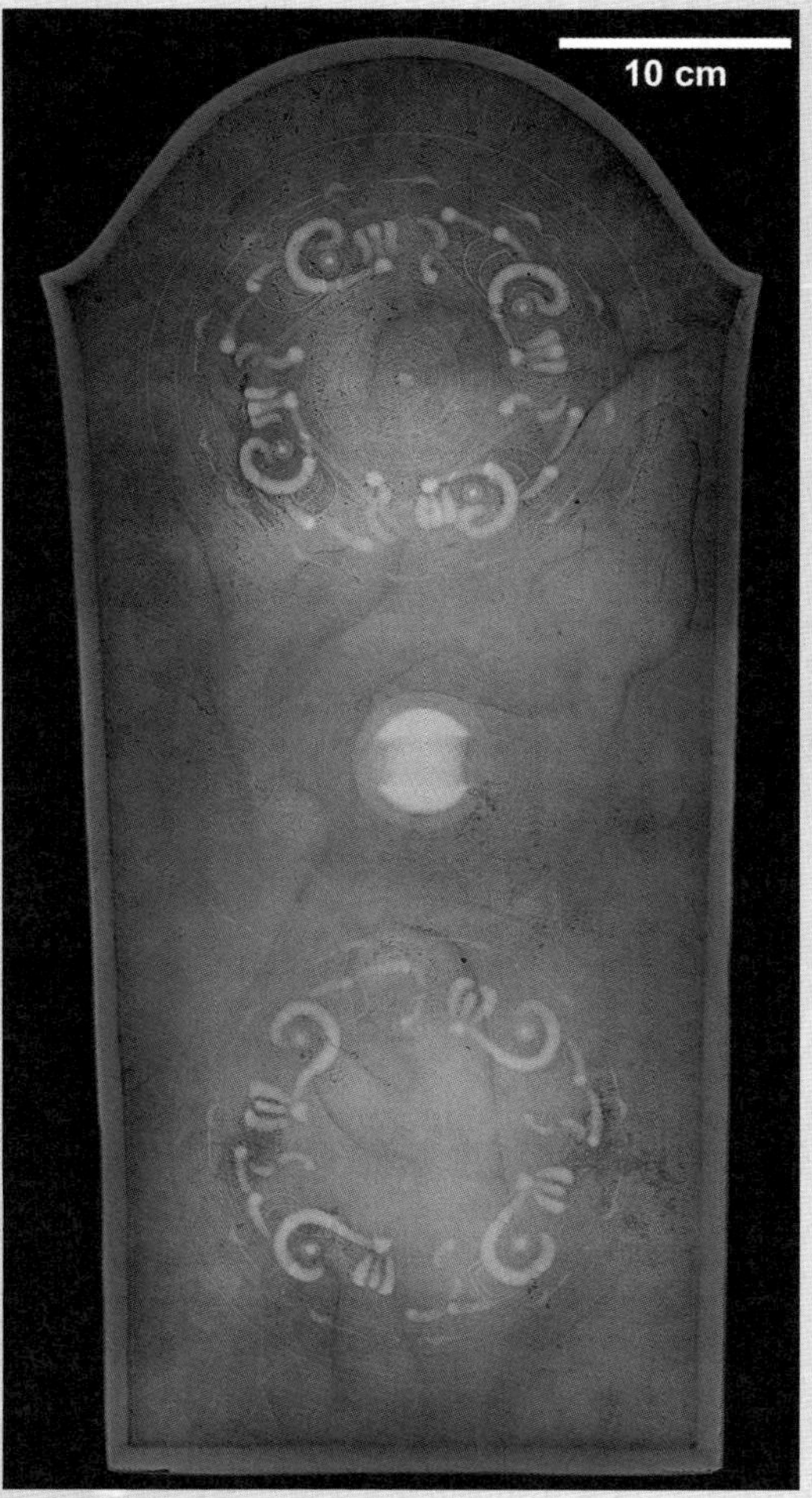

◇ 銅鏡透過X線写真
（全体を3分割して撮影し、1枚に合成）

神獣である鼉龍の文様が上下に1つずつ施されている。その外側には、精巧な鋸歯文（きょしもん、三角形が連鎖した幾何学模様）があり、太陽のような文様も確認できる。
奈良県立橿原考古学研究所 提供

空白の4世紀には何があったのか

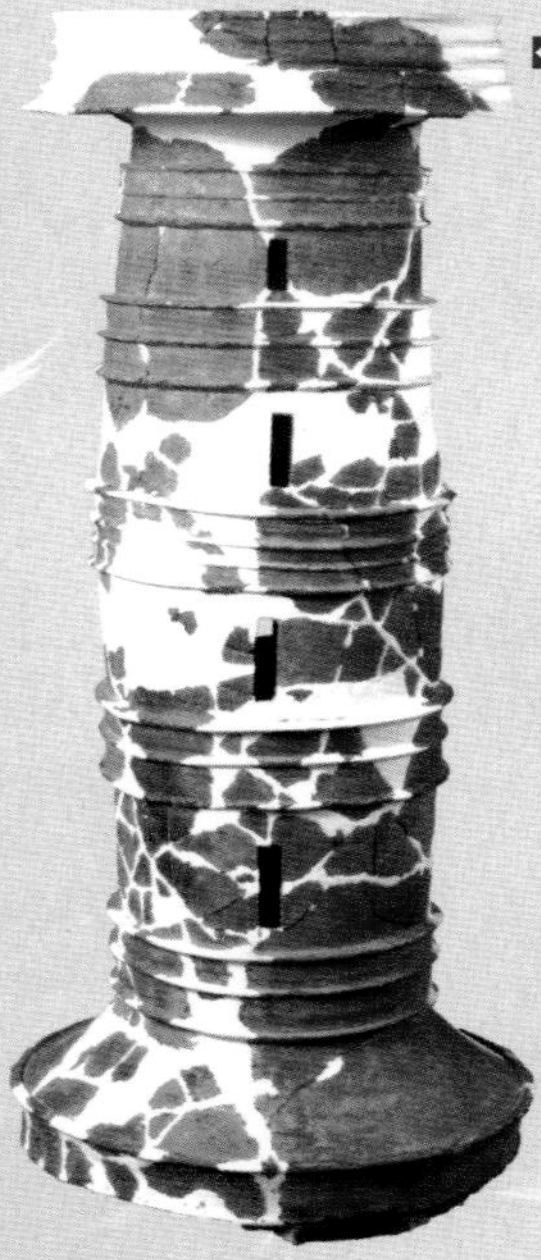

◇特殊《とくしゅ》器《き》台《だい》
吉備（現在の岡山県）でつくられた独特の形状をしている。最古級の前方後円墳で、邪馬台国の女王・卑弥呼の墓という説がある箸墓（はしはか）古墳（奈良県桜井市）からも出土している。
岡山大学考古学研究室 提供

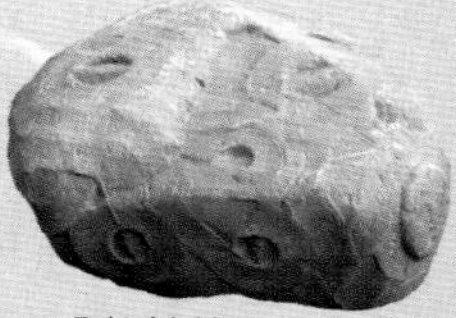

◇弧《こ》帯文石《たいもんせき》
弥生時代後期の楯築（たてつき）墳丘墓（岡山県倉敷市）にあった楯築神社のご神体。楯築墳丘墓からも弧帯文石が出土している。
岡山大学考古学研究室 提供

◇弧帯文石の顔部分（復元模造品）
弧帯文石には、不思議な文様と顔が刻まれている。弥生時代から古墳時代にかけての文化が垣間見える。
岡山大学考古学研究室 提供

3世紀後半に成立したと考えられるヤマト王権の黎明《れいめい》期の4世紀は、文字史料がないため「空白の4世紀」と呼ばれる。邪馬台国《やまたいこく》があった弥生時代後期からヤマト王権の誕生までの期間に何があったのか。プレ古墳時代の遺物から現在も研究が進められている。（詳しくは第2章）

外交に乗り出した倭の五王

◇ **金銅製帯金具**

布製の帯に鋲（びょう）留めされる金具で、城ノ山（じょうのやま）古墳（大阪府堺市）から出土したもの。精緻な彫金技法が施されている。

堺市博物館 提供（撮影:栗山雅夫）

◇ **金銅製鞍《くら》**

（復元模造品）

誉田（こんだ）丸山古墳〔古市（ふるいち）古墳群〕から出土した金銅透彫鞍金具を復元したもの。前面と背面に緻密な装飾の透かし彫りが施されている。

大阪府立近つ飛鳥博物館 提供

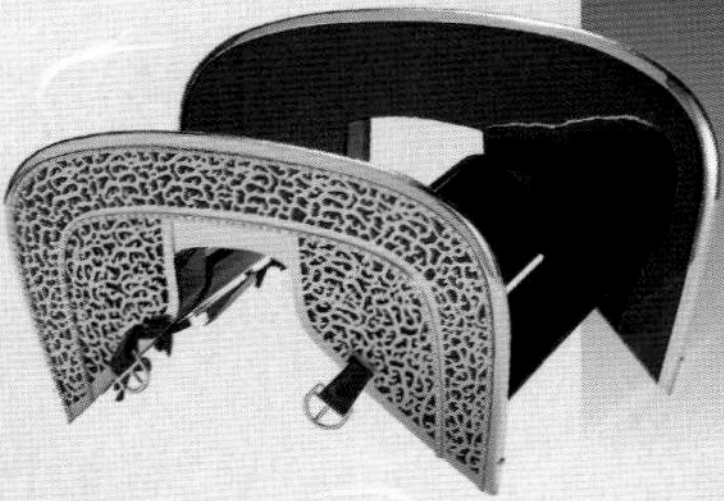

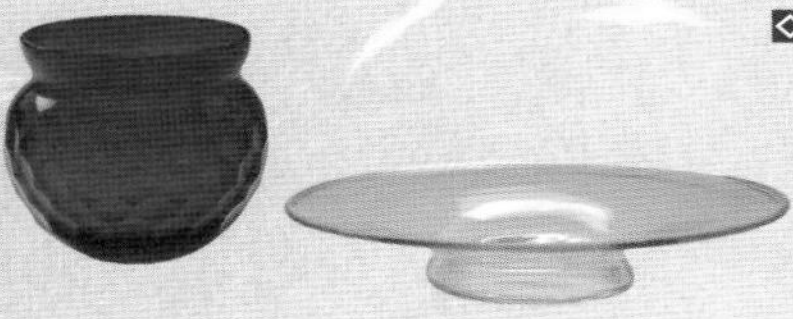

◇ **ガラス器**（復元模造品）

最大の古墳である仁徳天皇陵古墳にあったとされるガラス器を再現したもの。ガラス器は西アジアなどの国からシルクロードを通ってもたらされた。

堺市博物館 提供

5世紀に入ると、ヤマト王権の5人の大王《おおきみ》は中国に使者を送り、外交を始めたことが日中両国の正史に記されている。倭の五王は、外国の使者に対して倭国の力を誇示するため、巨大古墳を築造する。その背景には、力をつける朝鮮半島の高句麗《こうくり》への牽制《けんせい》と、国内の豪族に対する優位性をアピールする目的があった。（詳しくは第3章）

独自文化を築いた地方王権

◇ 金銅製冠《かんむり》（復元模造品）
金冠塚（きんかんづか）古墳（群馬県前橋市）から出土した冠で、韓国慶州から出土した金冠に類似しているといわれる。
TNM Image Archives 提供

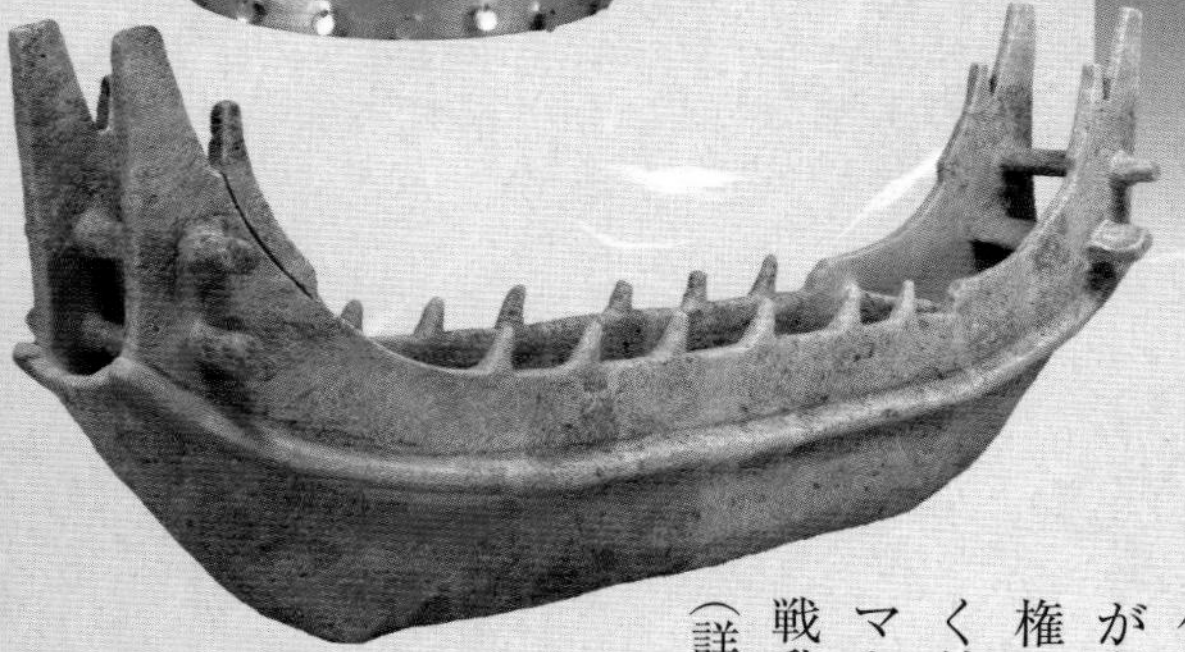

◇ 船の埴輪《はにわ》
西都原（さいとばる）古墳群（宮崎県西都市）から出土した5世紀の船の埴輪。ゴンドラ型の大型船だったと推測される。縁にオールを受ける軸が見られることから、人が漕いで進んだと考えられる。
TNM Image Archives 提供

ヤマト王権が中央集権化する以前、日本各地では独自の文化と経済力を持った地方王権が存在した。こうした地方王権の中には、ヤマト王権と深く結びつく地域もあれば、ヤマト王権に対抗し、時として戦乱を起こす地域もあった。

（詳しくは第5章）

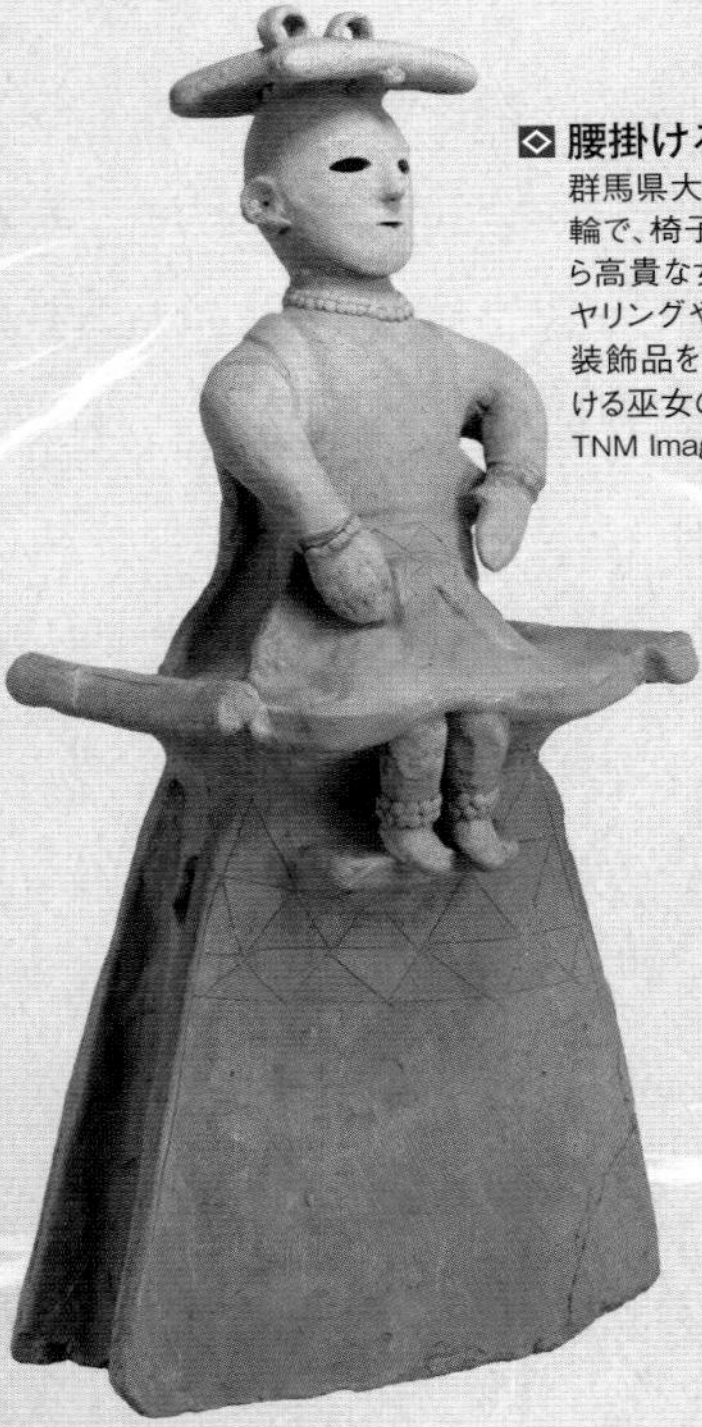

◇腰掛ける巫女の埴輪

群馬県大泉町から出土した埴輪で、椅子に座っていることから高貴な女性と考えられる。イヤリングやブレスレットなどの装飾品を身につけ、古代における巫女の姿を彷彿とさせる。
TNM Image Archives 提供

◇武装男子の埴輪

群馬県太田市から出土した埴輪で6世紀に製作されたもの。武器や武具、甲冑が精巧に再現されている。
TNM Image Archives 提供

巨大古墳の古代史
新説の真偽を読み解く

目次

第3章 検証 古代天皇陵の正体

第4章 検証 有力豪族の巨大古墳の正体

第5章 検証 巨大古墳を築造した地方豪族の正体

第1章

検証 富雄丸山古墳《とみおまるやま》の被葬者像を探る

取材協力

奈良市埋蔵文化財調査センター 学芸員 主務

村瀬 陸(むらせ・りく)

平成2年(1990)、兵庫県西宮市生まれ。平成26年(2014)、関西大学文学部卒業。同年より奈良市教育委員会文化財課埋蔵文化財調査センターで現職。主な発掘調査の担当に富雄丸山古墳、ウワナベ古墳、平城京跡など。専門は古墳時代の銅鏡・埴輪、近世の刀装具など。編著書に『富雄丸山古墳発掘調査報告書1』、『ベンショ塚古墳発掘調査報告書』、『佐紀古墳群航空レーザ測量調査速報成果資料集』などがある。富雄丸山古墳の発掘調査には第2次より現在まで携わる。

取材・文/郡 麻江

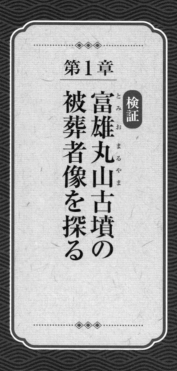

富雄丸山古墳 最新発掘レポート❶

唯一無二、類《たぐ》い稀《まれ》なる出土品に隠された謎

令和5年(2023)、富雄丸山古墳《とみおまるやま》(奈良県奈良市)からまさに国宝級といわれる出土品が発見されたことが発表された。長さ2メートルを超える国内最大の蛇行剣《だこうけん》と他に類を見ない、これもまた最大級の大型の盾形銅鏡《たてがたどうきょう》がそれだ。第2次から第6次発掘調査に至るまで富雄丸山古墳をつぶさに見てきた奈良市埋蔵文化財調査センター学芸員の村瀬陸氏に前代未聞の大発見について現場の状況などリアルに話してもらった。

「何やこれ?」「鼉龍鏡《だりゅうきょう》や!」現場が騒然

「考古学人生でこれほどの出土品に出合えるとは思わなかったです」

そう話す村瀬氏は、平成30年(2018)の第2次発掘調査から第6次発掘調査ま

で、富雄丸山古墳調査の担当者としてずっと古墳の調査に携わり、その過程をつぶさに見てきた人だ。令和4年（2022）の10月からスタートした第6次発掘調査には、村瀬氏をはじめ、調査チームには並々ならぬ期待感があったという。

「富雄丸山古墳は円墳に造出し《つくりだ》（古墳の墳丘につくられたステージ状の施設）がついた墳形で、その付け根のあたりに長方形の大きな掘り込みがあることは第3次調査の時点でわかっていました。造出し自体が3段築成になっていて、少し特殊な形状で、外から見ても長方形の部分はステージのように見えました。円墳の墳頂の埋葬施設は盗掘されていましたが、造出しの部分は未盗掘だったので、一体、どんなものが出てくるのか、我々もテンションが上がっていました」

ステージのような箇所にはまず、大きな長方形の掘り込みがあって、それを掘り進めていくと、明らかに今まで掘っていた土と違う粘土が急に出てきた。そのためここが粘土槨《ねんどかく》ということが判明した。

長方形の掘り込みは縦約7・4メートル、幅約3メートル、深さ約1メートルで、その中に長さ約6・4メートル、幅約1・2メートルの蒲鉾《かまぼこ》状の粘土槨が収まっており、粘土に包まれるように割竹形の木棺も無事に残っていた。

「粘土槨の土を少しずつ取り除いていったところ、ちょうどミルフィーユのように、

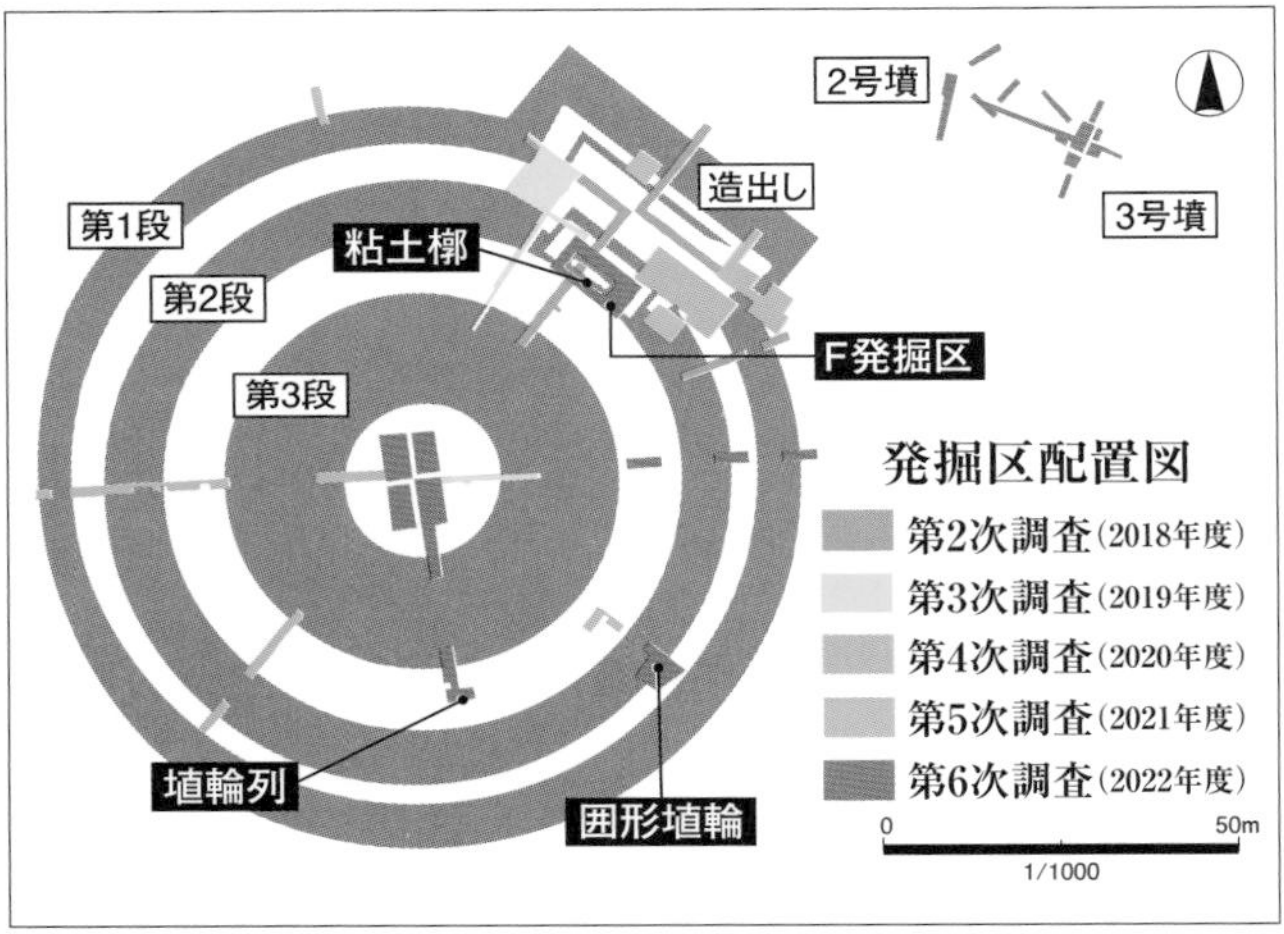

第6次調査は紫の箇所を発掘調査した。F発掘区の粘土槨で蛇行剣と鼉龍文（だりゅうもん）盾形銅鏡が発見された。（奈良市教育委員会提供資料を元に作成）

土の層の間に挟まっている感じで、蛇行剣が姿を現しました。掘り進めるほどにその長さに、まず驚きました」

蛇行剣はこれまで見たことのない長さで、約2メートル37センチ。その後のX線撮影で1本の剣であることが判明した。本来は木製の装具がついていたことを考えると、全長はさらに伸びて、2メートル67センチほどになるのではないかという。

現地では令和4年11月26日にこの蛇行剣が出土し、その興奮がまだ冷めやらぬ中、12月19日にはこれまで見たこともないものが出土した。

「蛇行剣が現れるのと同時に、すでに土に埋まっている盾の形のものが見えていたんです。銅製品ということはわかっていたのですが、全体が現れた時、やっぱり盾形じゃないか！　というのがわかり、それだけでも驚きなのに、さらに本体を取り上げてパッとひっくり返して裏を見た時は、言葉が出ないぐらいの衝撃を受けました」

「何やこれ？」「鼉龍《だりゅう》鏡や！」と現場は一時、騒然としたという。

裏面に施されていた文様は、神や霊獣をあしらった鼉龍文《だりゅうもん》というもので、非常に洗練されて美しいものだった。しかしこのような銅鏡は、これまで全国でも出土例がなかった。

銅鏡は長さ約64センチ、幅約31センチ、厚みは最大約0・5センチの大きさがあり、その後、「鼉龍文盾形銅鏡《だりゅうもんたてがたどうきょう》」と命名された。

「このような形の鏡は国内初の出土で、かつ最大のものが、この日本最大の円墳から出たのです」と当時の興奮を振り返る。

蛇行剣は儀式などで威容を示す道具なのか

蛇行剣はこれまでも国内で85例が見つかっている。今まで一番長かったものは、奈良県宇陀《うだ》市の北原古墳から出たもので長さが約85センチあったが、今回はそれを優に2倍以上超えるサイズだった。

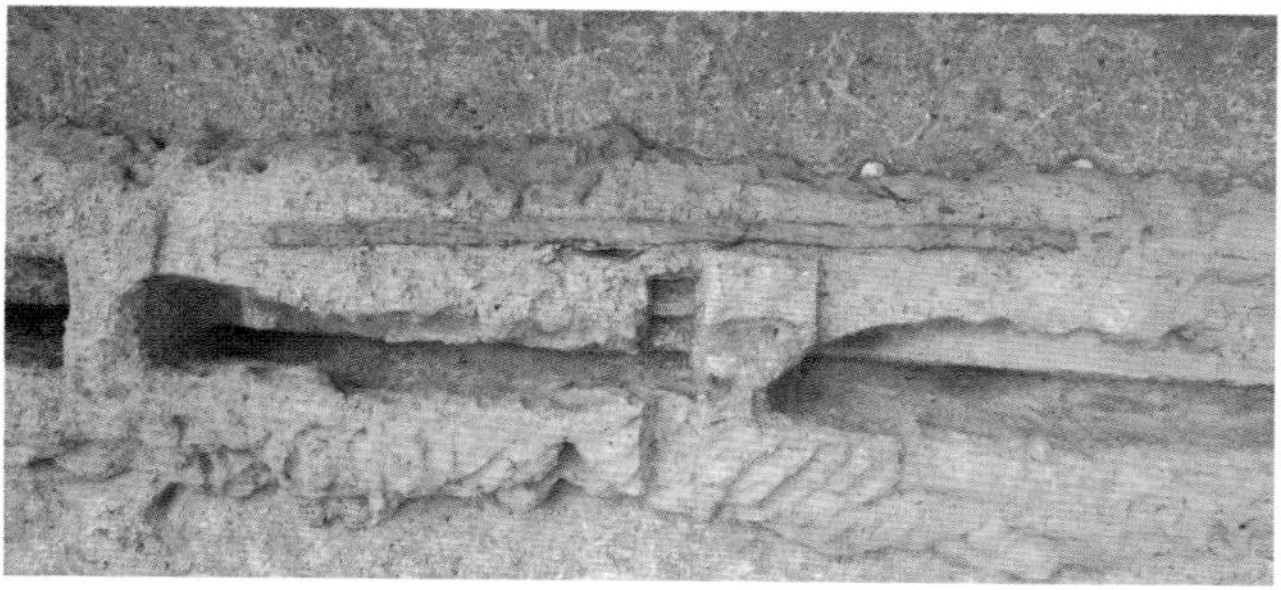

見たことのない蛇行剣の長さに現場も騒然となった。
のちのレントゲン検査で1本の剣ということが判明した。
奈良市教育委員会 提供

「この形状の剣は原則日本でしか出土例がなく、おそらく日本で製造されたもので間違いないでしょう。長さもさることながら、測定はまだですが、鉄ですから重さも相当あり、さっと持ち上げられるものではないため、実用的ではありません。祭祀などに使われた威信財《いしんざい》のようなものだと思います」

蛇行剣は、わざと曲げた形に叩いて形づくっていくのだが、一体、なぜそんなことをするのだろうか。村瀬氏によると、文献から読み取っていくと『日本書紀』と『古事記』の中に「草薙剣《くさなぎのつるぎ》」というものが出てくる。これはあくまで神話の話だが、スサノオがヤマタノオロチを退治しに行く話だ。そのオロチを殺した時にしっぽを切って、そこから引き抜いた剣が「草薙剣」といわれている。

「もちろん現実の話ではないでしょうが、そういう神話や伝承がこの剣をつくった人たちの中にあったとすれば、尊い剣として蛇のようにかたどったのかもしれません。石上神宮《いそのかみ》（奈良県天理市）のご神体《しんたい》は刀剣ですし、剣というものが神の象徴として大切に扱われてきたとするならば、そういう脈絡の中で考えていけるかもしれませんし、他にも邪悪なものを寄せ付けない辟邪《へきじゃ》という意味もあったかもしれません」

それにしても、である。最長の長さを誇る、ご神体にもつながるような尊い剣を副葬品として埋葬できるということになると、被葬者は一体、どれだけの強大な力を持っていたのだろうか。

倭国の工人たちのチャレンジ精神を映す盾形銅鏡のデザイン

鼉龍文《だりゅうもん》盾形銅鏡もまた、面白いことがわかってきた。なんとこの銅鏡も国内でつくられたものだということが判明したのだ。もともと中国の神獣鏡をモデルにして模したものと考えられるそうだ。

「鼉龍《だりゅう》というのは中国では長い胴体を持ったワニのことを指していて、本来は鼉龍《だりゅう》という獣と神様の姿が別々に描かれているんです。しかしこの文様は、神様の頭と獣の頭が1つになってしまっているんですね。おそらくですが、倭国の工人が神獣鏡を模写する時に、その意味がわからないまま写してしまい、なんとなく合体させてしまって、こんなことになってしまったようですね」

本来、別個に描くものをつい合体させてしまうというユーモラスなエピソードだが、そのおかげで日本でつくられたものだということが判明した。それにしても、仮に意味を理解していなかったとしても、すっきりと2つの円で配置された鼉龍文《だりゅうもん》は、非常に美しく洗練されたデザインであり、また盾の形も角のエッジも際立つようにシャープで、当時の工人たちの美的感覚と確かな腕が伝わってくる。

時代の変化の中で〝はざま〟に位置する遺物が語るもの

一般的に3世紀から4世紀にかけては古墳時代前期、5世紀からは古墳時代中期というように分類されているが、5世紀になると中国や朝鮮半島などとの国際的な交流が盛んになってくる。さまざまなモノや情報や技術などと共に、武器や武具類も日本に導入された。それらの渡来品を模して、国内でも武器や武具類が大量に生産されるようになった。

副葬品にもその影響は色濃く出ており、古墳時代前期の副葬品は「鏡の時代」、そして5世紀は「武器・武具の時代」ともいわれる。時代ごとに価値観や流行は変わる。その時代に一番価値のあるものや最新のものが副葬品となっていったのだろう。

前代未聞の発見があった埋葬施設（粘土槨）の調査現場。次の調査で粘土槨内部の調査が行われるが、何が出てくるのか期待が高まる。
奈良市教育委員会 提供

「富雄丸山古墳の築造は4世紀後半ですから、まさに『鏡』と『武器・武具』のはざまの時期なんですよ。ですから、鏡をつくりながらも、その形状は武器・武具である盾の形にしてしまい、被葬者を守るように埋葬されていたのではないかと、私は考えています。埋葬品の主流が鏡から武器・武具へ変遷していく、その過渡期《かと》を表すような遺物だと思います」

ほぼ同時期に築造された古市古墳群《ふるいち》の津堂城山古墳《つどうしろやま》からは、帯金式甲冑《おびがねしきかっちゅう》が出土している。甲冑などがつくられるちょうど端境期《はざかい》に、鏡と武器・武具を合体させてしまったような、銅鏡を創造してしまったのだろうか。

1つの遺物から広がる推理に古代への憧憬を掻《か》き立てられる

さらに村瀬氏は興味深い推理をする。この盾形銅鏡は鋳造《ちゅうぞう》でつくられているため、型があったはずで、一点だけ製造されたとは考えにくいという。

「実際に神獣鏡などの鏡は、同じ鋳型《いがた》でつくった同笵鏡《どうはんきょう》が多く見つかっていることから、盾形銅鏡も複数つくられた可能性があります。実際に津堂城山古墳でも、盾形かもしれないという銅板が出ていますし、今回のものが一点ものではなく、同時期の大型古墳に盾形銅鏡が副葬されていてもおかしくはないと思います」

4世紀後半という時期は中国からの影響を受けつつ、倭人たちが自国のオリジナルの創作物を目指したことは否定できない。形や文様デザインなど、模倣からオリジナリティを生み出していく創造の過渡期でもあったのだろう。

創作やデザインにおいて試行錯誤の時代ともいえるかもしれないが、その中で後世まで生き残れるデザインがあった一方で、消えていったものもあっただろう。

「一般的な円形の鏡に比べると数倍の銅を使う盾形銅鏡は、作業の効率面からみても、素材などの予算面からみても、生き残りは難しかったかもしれないですね」

いずれにしても、この時期における国産品の最高傑作といってもいい。

第7次発掘調査では、蛇行剣と盾形銅鏡に守られるように安置されていた木棺の内部の調査が始まる。

「富雄丸山古墳はいずれ、国の史跡指定を目指したいと思っていますので、その時は、古墳の周囲に歩道をつけるなど、私たちもたくさんの人に見ていただけるように整備をしていきたいと考えています。次回は、割竹形木棺の中に人体埋葬があったのかどうかを含めて、さらなる調査が行われます。木棺内の副葬品の有無も含めて、被葬者の謎に少しでも近づけるといいのですが、次はどんなものに出合えるのか、今からワクワクします」

富雄丸山古墳 最新発掘レポート②

わずかな出土例しかない湧水施設形埴輪《はにわ》を発見

新発見が相次ぎ、何かと話題の多い富雄丸山古墳だが、実は以前、第5次発掘調査で、全国でも珍しい埴輪が見つかっている。その埴輪があったのは、円墳南東部のテラス部分。発掘を担当した村瀬氏は、まずこの場所を見た時、通常とは何かが違う感覚があったという。そこで見つかったものは、全国でも非常に希少な埴輪だった。

違和感のある不思議な地形は祭祀施設の跡か

富雄丸山古墳の南東部分の1段目のテラスを調べている時、村瀬氏は「ここはなんだ?」という違和感を感じたという。通常は平坦に築造するテラス面が、葺石《ふきいし》や溝などでわざと入り組んだように加工してあったからだ。

「ぐにゃぐにゃとした地形で、古墳の他のテラス部分とは明らかに違っていました。こういう加工は他に類例があまりないのですが、この入り組んだ場所になんらかの祭祀空間をつくり出していたように思えました。奈良県天理市の赤土山《あかつちやま》古墳の墳丘の麓に、同じように加工を施した祭祀施設がつくられているのですが、それに似ていますね」

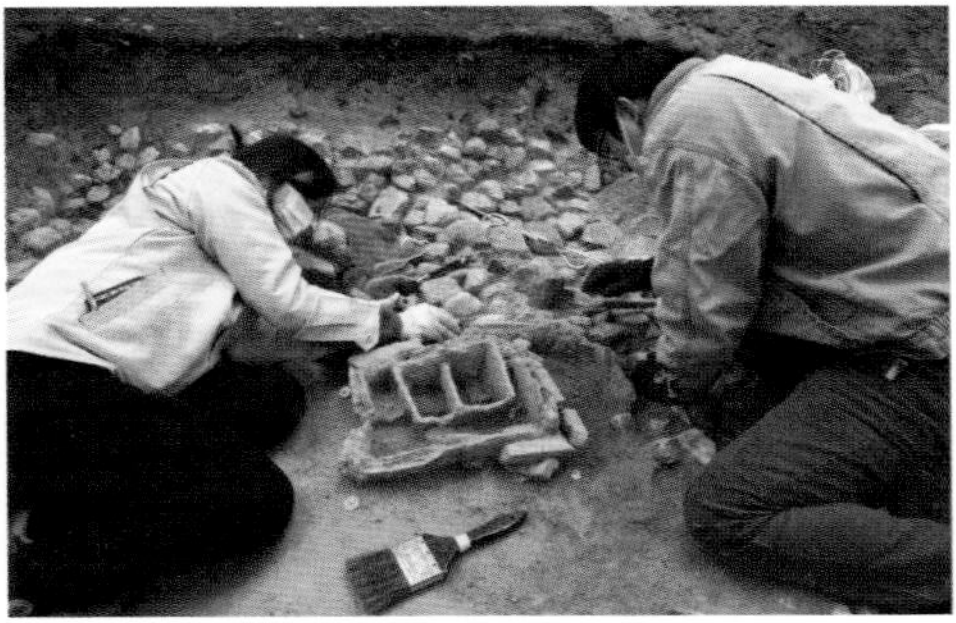
円墳南東部のテラス部分から出土した湧水施設形埴輪。
奈良市教育委員会 提供

曲がりくねった加工を施された箇所を丹念に掘り起こしていくと、1体の埴輪が出てきた。テラスの他の部分に並んでいた円筒埴輪ではなく、埴輪の最も底の部分しか残っていなかったが、そこにはっきりと〝囲い〟が見て取れたという。

「しかも、囲いの中に家形埴輪が〝入れ子〟で入っているという珍しいタイプでした。これまでも他所《よそ》で家形埴輪は見つかっていますが、このように〝入れ子〟になっている埴輪には、初めて出合いました」

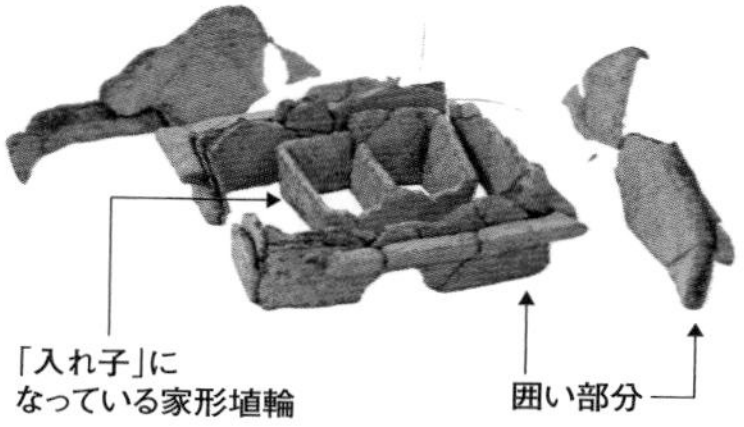

「入れ子」になった珍しい形状の湧水施設形埴輪は、水の祭祀に使われていた可能性があるという。
奈良市教育委員会 提供

当初、調査チームはこの埴輪を導水施設形埴輪と考えたそうだが、そうであれば水を引き入れるための木樋《もくひ》（給水のための木製の水道管）がついているはず。ところが、木樋は見当たらなかった。そのため、水を引き入れる導水形ではなく、湧き水を利用した湧水施設形埴輪ではないかという見解になったという。

村瀬氏らが参考にしたのは、壮麗な船形埴輪で知られる三重県松阪市の宝塚1号墳の湧水施設形埴輪だった。宝塚1号墳では、家の中に井戸のような施設を持つ埴輪が出土し、それを導水施設形埴輪と区別して、湧水施設形埴輪と呼ぶことにした。このことを根拠の1つにしたという。

古代から成立していた水の祭りの存在を示す希少な埴輪

もう1つの根拠としては、導水形埴輪の場合、囲いがカギ形に折れるのだが、この埴輪の囲いは四角い箱状になっている。このことから導水施設形ではなく、湧水施設形であると最終的に判断したそうだ。

「伊勢神宮にも実際に神祭りの場として、渾々《こんこん》とご神水が湧く湧水施設があるそうですが、水を扱う祭祀はおそらく古墳時代に成立していたのではないかと考えられます。つまり、富雄丸山古墳に関係する人たちは、水を用いた祭祀＝水の祭りというものをよく理解し、祭祀に採用していた可能性があるということです」

また、一般的には造出しで祭祀を行ったと考えられている。しかし富雄丸山古墳の場合、立派な造出しを持つにもかかわらず、今回のようにそれとは別のところに祭祀空間が見つかった。

例えば、今城塚《いましろづか》古墳（大阪府高槻市）や保渡田《ほどた》古墳群（群馬県高崎市）では周堤《しゅうてい》（古墳の周囲の土手状の部分）で葬送儀礼の埴輪列が見つかっており、墳丘ではなく、周堤で儀式を行った可能性もある。葬送の形も時代や地域でさまざまに変遷していったのだろうか。

「富雄丸山古墳の場合も、新たな葬送儀礼を採用したのか、また南東という方向に何か意味があったか、など多くの謎があります。そのあたりは解明できていませんが、1ついえるのは、この古墳は王権に深くかかわる古墳ですので、王権が水の祭りを主導していたという可能性はあると思います」

富雄丸山古墳 最新発掘レポート③

富雄丸山古墳の被葬者とは

富雄丸山古墳は、前方後円墳が数多く集まる佐紀《さき》古墳群などから少し離れて、国内最大の大きさを誇る円墳として独立し、まさに「孤高の古墳」の佇《たたず》まいを見せる。同古墳の被葬者は一体、何者なのか、多くの説が唱えられる中、村瀬氏と共にさまざまな可能性を探る。

富雄丸山古墳の被葬者はなぜ円墳を採用したのか

4世紀後半に築造された富雄丸山古墳は、直径約109メートル、高さ約14メートルという日本最大の円墳といわれている。さらに日本最長の蛇行剣や日本初の鼉龍文《だりゅうもん》盾形銅鏡など、前代未聞の出土品が見つかっており、このような品々を埋葬できる人物に当然のことながら、注目が集まっている。

この古墳の最大の謎は墳丘の形にある。これだけの大きさの円墳を築造する力があったにもかかわらず、なぜ、古墳の中で最も位が高いとされる前方後円墳にしなかったのだろうか。実際、畿内にも100メートル前後の前方後円墳は存在する。それを考えれば、前方後円墳も築造できたはずだが、それを前方後円墳にせず、あえて巨大な円墳にしたことに「何らかの意図が働いたのではないか」と村瀬氏はいう。

墳頂部の埋葬施設は盗掘されていたが、それでも大型前方後円墳と遜色のない副葬品が多数見つかっている。その内容は銅鏡・銅釧《どうくしろ》（腕輪）・銅鏃《どうぞく》などの青銅製品や、管玉《くだたま》や小玉などの玉類、琴柱形石製品、鍬《くわ》形石、刀子《とうす》形石製品、鉄器や鉄剣、鉄刀、鉄鏃《てつぞく》などバラエティ豊かだ。

「副葬品から考えても、ヤマト王権と敵対していたわけではなく、むしろ非常に近しい立場にあって力もあった人物といえるでしょう。けれど〝王族ではない〟などの理由で、前方後円墳とすることに規制がかかったと考えていいと思います。ヤマトから離れた地方であれば勝手に前方後円墳を築造できたかもしれませんが、王権のお膝元では、厳正なルールを守らざるを得なかったのでしょう。おそらくですが、王権と同じ系列であっても、王族の中で格差はあったと考えられます。富雄丸山古墳の被葬者は王権と近しい間柄だからこそ、王権側は明確な線引きをして牽制したかったのかもしれません」

出土品や「造出し」という新たな墳形要素から見えてくる被葬者像

この被葬者に円墳を築造させることに、一体、どんな狙いがあったのか。謎は深まるばかりだが、この被葬者像を想像しやすい要素があるという。

「出土品があくまで国産品にこだわっていることから、この被葬者が渡来系の人物である可能性は低いと考えられます。もし渡来の人であれば、祖国の品物にもっとこだわったはずですから」

盾形の銅鏡や造出しのデザインなどから、進歩的な人物像も浮かび上がってくる。そして、最新の情報や技術を入手しやすい立場にいた人物とも考えられる。また富雄丸山古墳は、そもそも円墳に造出しがついているというところも興味深いという。

「4世紀後半あたりから造出しがつくられ始めますので、まさに初現期のものといっていいと思います。当然、何か意味があって、例えば、造出しで祭祀をしたいとか、埋葬をしたいなどの意図があったと思われますが、それらの祭祀は別に前方後円墳の前方部でやってもいいわけです。しかし、わざわざ造出しという場所をつくってまで、そこで何かを行おうとしている…。造出しの築造のまさに始まりの時期、どんな目的があってつくられたのか、非常に気になりますね」

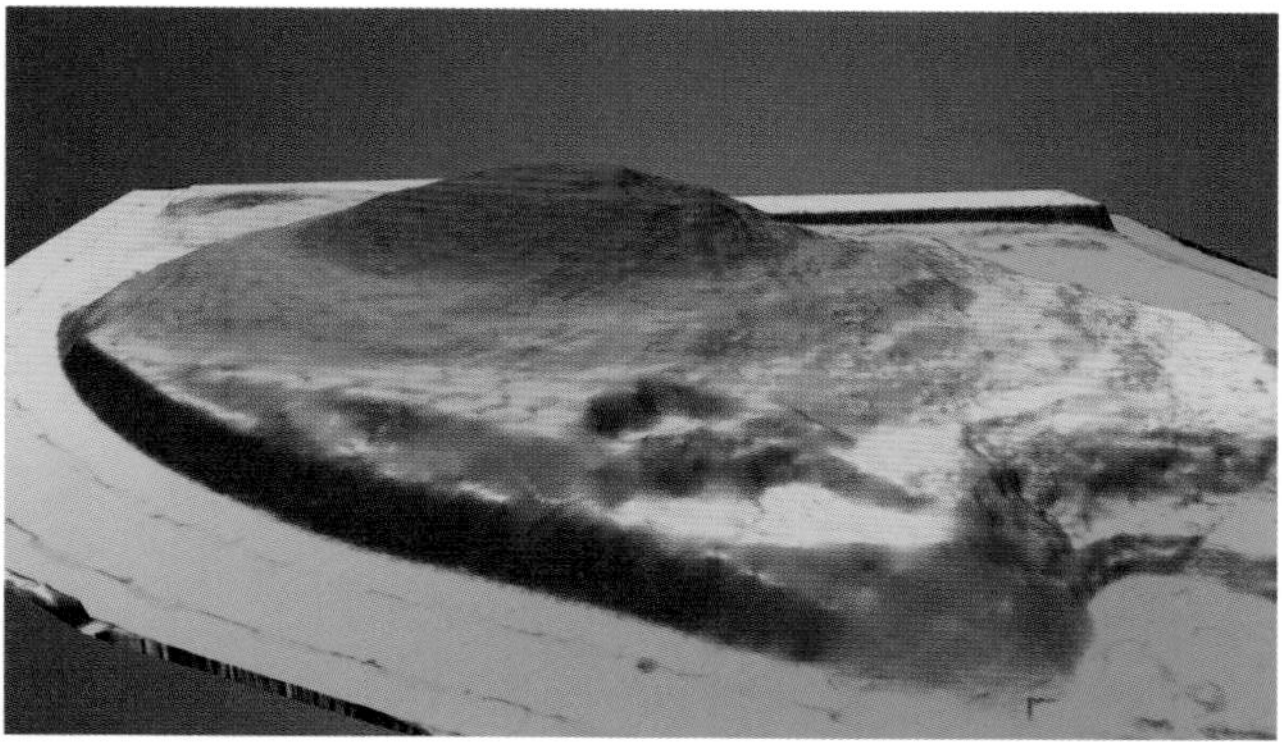

南東から見た富雄丸山古墳の三次元立体画像。当時はどんなに勇壮な姿を見せていたことだろうか。
奈良市教育委員会 提供（作成：大手前大学史学研究所）

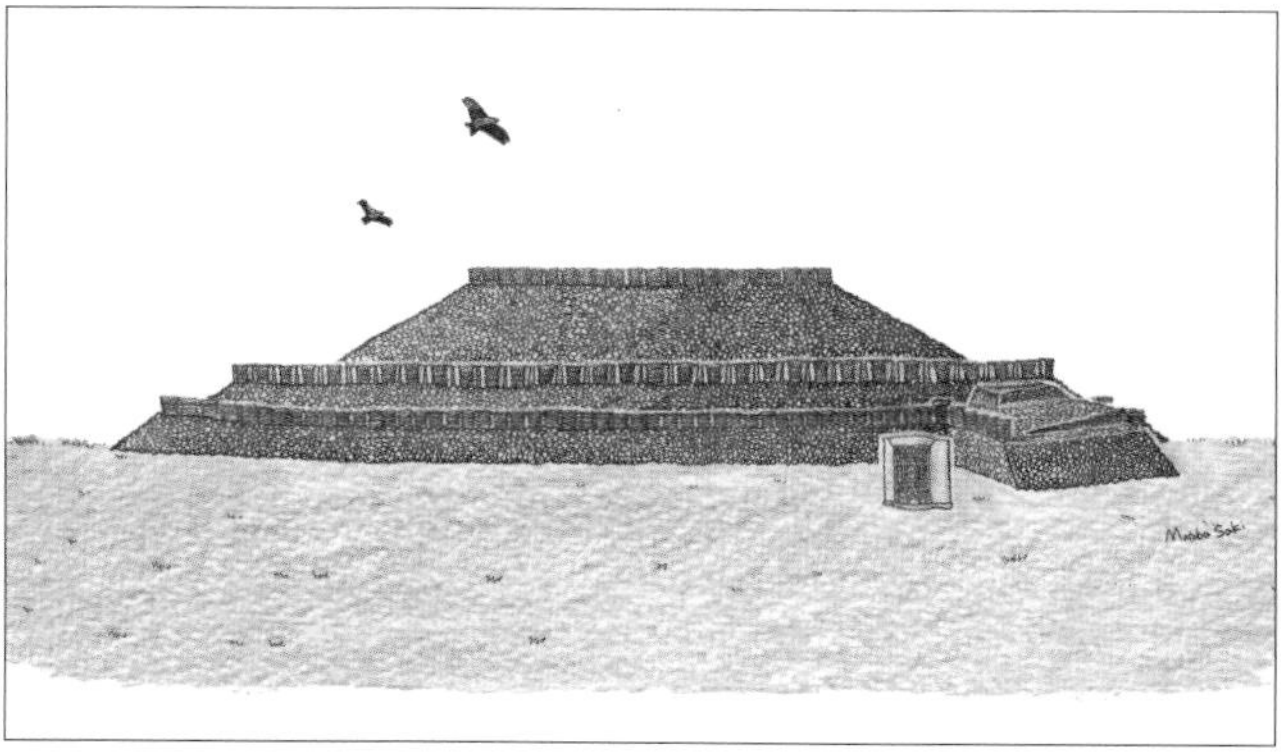

富雄丸山古墳の復元イメージ。直径約109mという日本最大の円墳の被葬者は謎に包まれている。
奈良市教育委員会 提供（絵：的場紗希）

規則的に並ぶ3基の古墳。その築造計画に垣間見える西方への意識

村瀬氏は、富雄丸山古墳を考える上で、その立地にも注目している。

「佐紀古墳群の最も西寄りに宝来山《ほうらいさん》古墳があり、そこから西へ約5キロのところに富雄丸山古墳があります。さらにもっと西に位置する竹林寺《ちくりんじ》古墳があって、この3基が奈良と大阪を結ぶ暗越《くらがりごえ》奈良街道と南北河川の交差点にぽんぽんぽんと並んで築造されているのです。3基はそれぞれ4世紀後半の同時期に築造されており、その関係性にも注目したいところです」

宝来山古墳は全長約227メートル、豊かな水をたたえた濠《ほり》をめぐらせた美しい前方後円墳だ。宮内庁によって11代垂仁《すいにん》天皇陵に治定《じじょう》されており、周濠には陵《みささぎ》に寄り添うように小さな島が浮かんでいるが、これは天皇の死を悲しんで跡を追うように亡くなった田道間守《たじまもり》（『古事記』『日本書紀』に記された伝承上の人物）の墓と伝えられている。

竹林寺古墳は、竹林寺という寺院の境内にある前方後円墳で、墳丘長は推定約60メートル、現在は約45メートルの後円部と、削られてはいるが前方部も残っている。これらの2基のちょうど真ん中に、富雄丸山古墳が位置している。

この3基に共通しているのが、暗越奈良街道と川の交差する場所にあるということ

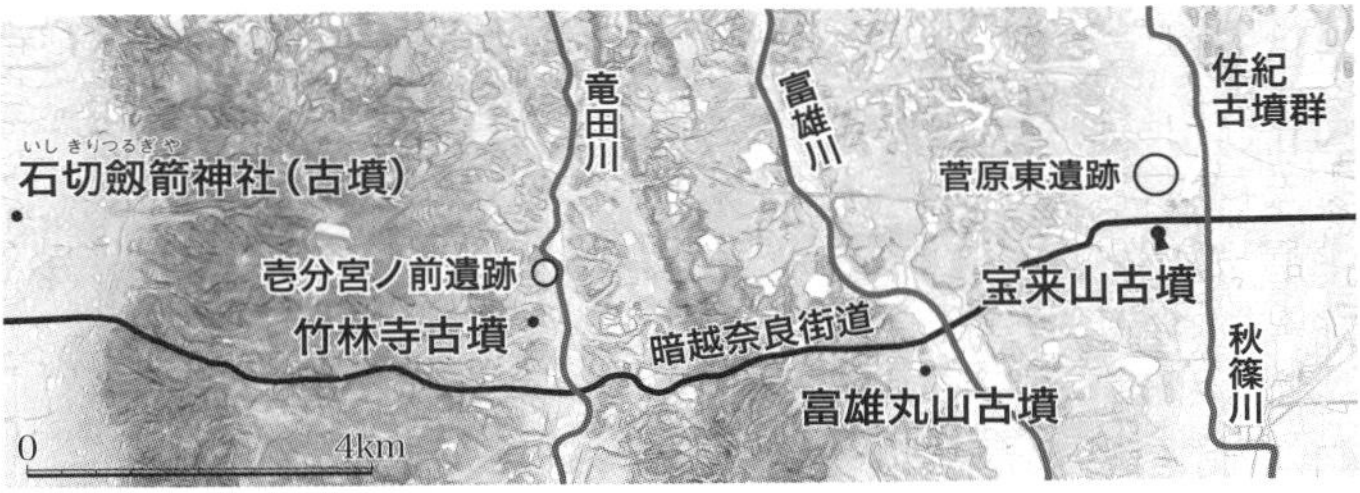

暗越奈良街道と、秋篠川、富雄川、竜田川が交差する場所に古墳が築造されていることがわかる（出典：村瀬2023）。

だ。地図を見ると宝来山古墳が秋篠川、富雄丸山古墳が富雄川、竹林寺古墳が竜田川というように、それぞれ川と暗越奈良街道の交差点にあることが確認できる。

「この3基はおそらくですが、佐紀古墳群をつくっていった人々が主導して、計画性を持ってこの場所に築造されていると思われます。宝来山古墳は佐紀古墳群から西を意識して築造され、そこから5キロ西方に独立墳として富雄丸山古墳、さらに西に竹林寺古墳が存在する。ちょうどこの時期、4世紀後半に百舌鳥《もず》・古市《ふるいち》古墳群など大阪湾寄りに大型古墳の築造が移っていきます。ヤマト王権が対外交渉に本腰を入れ始め、古墳の築造も大陸との対外交渉にからんでくる、そういう時代背景を踏まえた上で、富雄丸山古墳の築造を考える必要があるでしょう」

倭国独自の創造性と出土品に見る被葬者のオリジナリティ

富雄丸山古墳の調査の持つ意味はそれだけではない。

大王墓は、天皇陵や陵墓参考地が多く、基本的に発掘調査ができないが、富雄丸山古墳は、限りなく陵墓に準じた古墳といえる。つまり、この古墳を発掘調査して、墳丘構造や埋葬施設のありよう、埴輪や副葬品などについて学術的な解明が進み、全容が見えてくれば、他の大王墓に関しても学術的な事柄が考察しやすくなるというのだ。

「4世紀後半は倭国のオリジナル製品をつくるためにさまざまな試行錯誤があった時期でした。埴輪や副葬品のデザインやつくり方など、時期的にも富雄丸山古墳の時代が最盛期にあたると考えられます」

この古墳から出土した鼉龍文《だりゅうもん》盾形銅鏡もそうだが、中国鏡を倭国の工人が懸命に写したように、この地域で発祥したデザインや文様を他地域の人々が憧れを持って真似をして、どんどん新たなモノをつくっていったのだろうか。盾形の鏡に鼉龍文《だりゅうもん》を施すといった個性の強い副葬品から見ても、この被葬者自身、オリジナリティの追求にこだわりがあったのかもしれない。

『古事記』や『日本書紀』では、初代神武《じんむ》天皇の東征の際に、大和（奈良県）の地を

南西から富雄丸山古墳を望む。周囲の家々と比べても古墳の巨大さがよくわかる。
奈良市教育委員会 提供

治める豪族としてナガスネヒコが登場する。ナガスネヒコは神武天皇が河内（大阪府）から大和へと入ろうとする際に抵抗した。こうしたことから、富雄丸山古墳が前方後円墳ではなく円墳であるのは、被葬者が神武天皇に対抗したナガスネヒコではないか、という説もあるが、現状では推測の域を出ない。いずれにしても今後の発掘調査を待たなければならないだろう。

佐紀古墳群から百舌鳥・古市古墳群へ。5世紀になって巨大古墳築造は西へと移動し、仁徳《にんとく》天皇陵古墳で巨大化のピークを迎える。それに一歩先んじて築造された最大の円墳である富雄丸山古墳は、造墓の概念や副葬品の選定、墓域自体の移動など、巨大古墳群の謎を解く鍵を握っているはずだ。

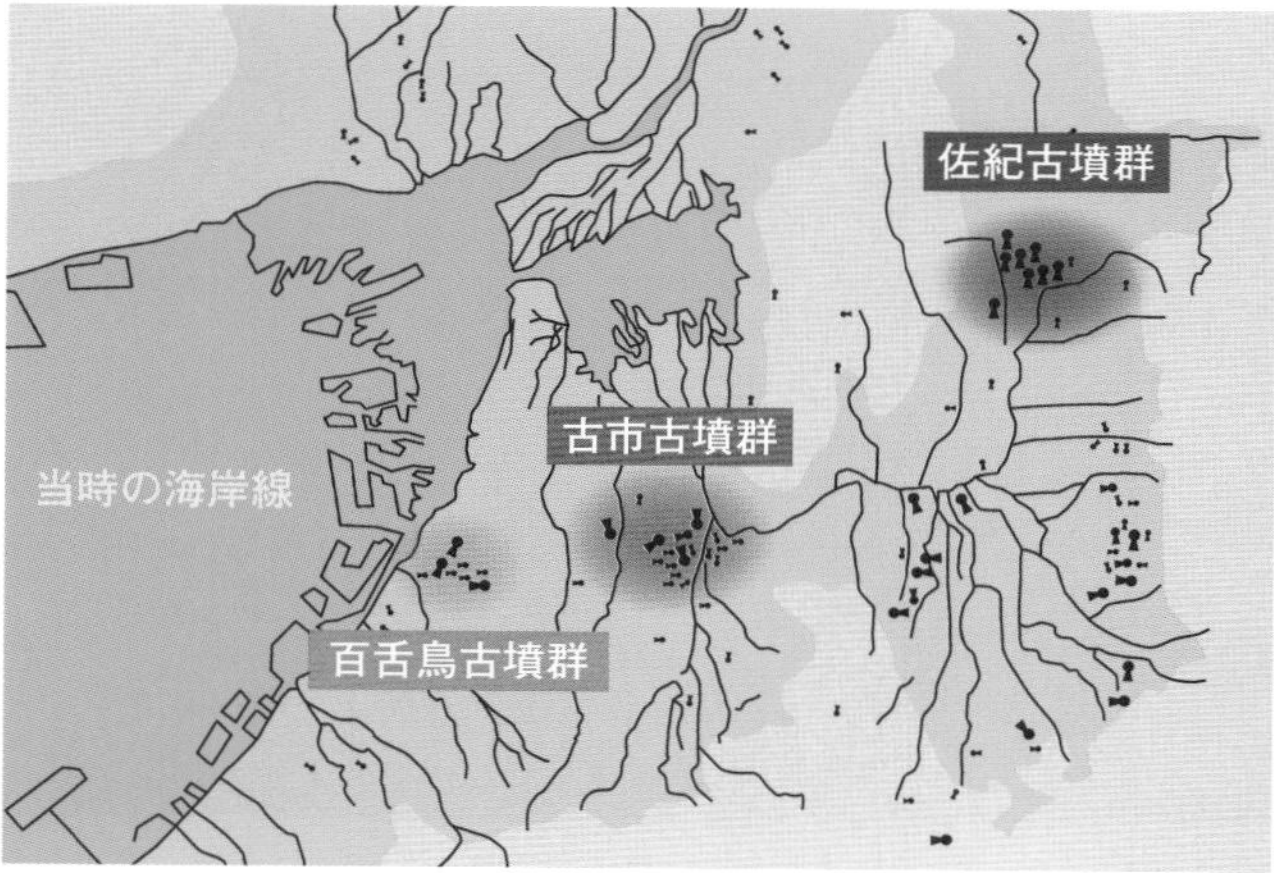

富雄丸山古墳は佐紀古墳群の近くにある。巨大古墳の築造はその後、古市古墳群、百舌鳥古墳群へと移行する。

「今までに類を見ない蛇行剣や鼉龍文《だりゅうもん》盾形銅鏡が出土したということは確かに注目されることですが、それだけで富雄丸山古墳の価値を語るのではなく、この古墳を学術的に究め、より価値あるものとしていければと思います」と村瀬氏は今後の調査に意欲を見せる。

この古墳のベールが少しずつはがされていくのと同時に、古代人たちが営々と築いてきた巨大古墳のさまざまな謎もまた、一歩ずつ、解けていくだろう。

第7次の発掘調査では、未盗掘の粘土槨内の木棺の調査が行われる予定だ。謎めいた被葬者の解明につながる発見をまずは待ちたい。

第2章

検証 邪馬台国と巨大墳丘墓の正体

インタビュー

楯築墳丘墓《たてつきふんきゅうぼ》に見る古代倭国王への道のり

取材・文／郡 麻江

古代・吉備《きび》に突如現れた弥生時代の首長墓・楯築墳丘墓。同時代の墳墓と比べても他を圧倒する規模を誇る巨大墳丘墓の被葬者とは、一体誰なのか。吉備から箸墓《はしはか》古墳、そして倭の五王へとつながっていく古代倭国王の軌跡を歴史学者の松木武彦氏が語る。

歴史学者・国立歴史民俗博物館 教授
松木武彦（まつぎ・たけひこ）

昭和36年（1961）、愛媛県生まれ。大阪大学大学院文学研究科博士課程修了。岡山大学文学部教授を経て、現在、国立歴史民俗博物館教授。モノの分析をとおしてヒトの心の現象と進化を解明し、科学としての歴史学の再構築を目指す。『全集 日本の歴史1 旧石器・縄文・弥生・古墳時代 列島創世記』（小学館）でサントリー学芸賞受賞。主な著書に『進化考古学の大冒険』（新潮社）、『古墳とはなにか 認知考古学からみる古代』（KADOKAWA）など多数。

ただ者ではない！ 倭国王のルーツに迫る吉備の巨大モニュメント

楯築墳丘墓は岡山県倉敷市にある弥生時代後期の2世紀中頃に築造された全長約83メートル、当時の国内最大級の墳丘墓です。墳丘は円形を中心に対向する位置に突出部がついており、丘陵の狭い尾根上に築造されました。江戸時代には「楯築神社」になっていました。丘の上に登って墳丘墓にたどり着くと、岩の祠《ほこら》を囲むように巨大な板石が立ち並んでいて、独特の静謐《せいひつ》な空気が流れています。片方の突出部の上に昭和47年（1972）に建てられた給水塔がありますが、円形の本体はマウンドとして形をとどめています。

最新の調査報告書では、並び立つ巨大な板石の近くに木のポールが立てられていたこ

巨大な板石が並ぶ楯築墳丘墓。
不思議な「気」が満ちている。

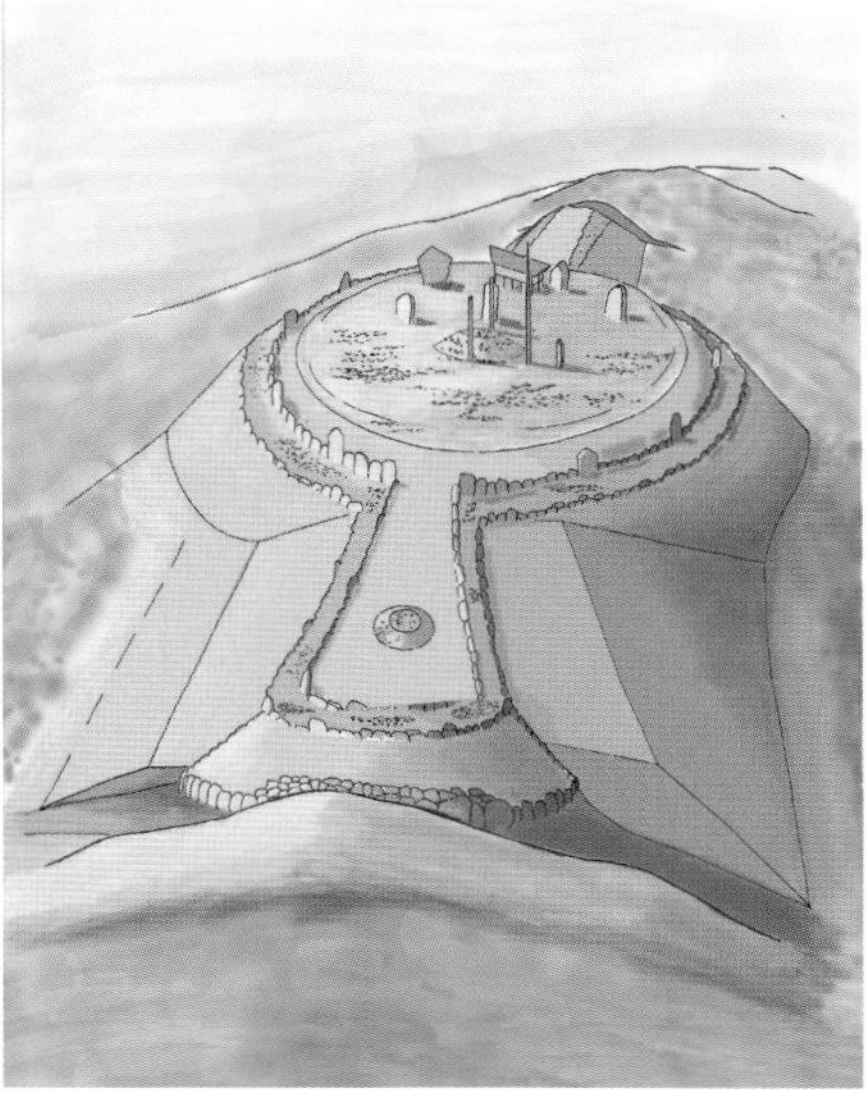

「楯築墳丘墓復元図」から、当時の壮大な姿を思い浮かべることができる。
岡山大学考古学研究室 提供

とがわかりました。また、殯《もがり》（古代の葬送儀礼）のための施設とみられる建物の跡も確認されています。墳丘墓の上に聖なる空間を形づくり、おそらく、この墓の主のために壮大な祭祀が行われたのでしょう。

昭和60年（1985）、大阪大学の大学院生だった私は、岡山大学の近藤義郎先生の指揮のもと、楯築墳丘墓の第5次発掘調査に参加しました。その時、発掘を担当していた南西部突出部の前端で花崗岩《かこうがん》の大きな板石の列石を発見しました。胸の高さほどの大きな列石の並びが遥か向こうまで続いているのを見て「この墓の主はただ者ではない！」と震えるような感覚で直感したことを覚えています。

翌年の昭和61年（1986）の第6次発掘調査には数日しか参加できませんでしたが、前年に担当した箇所の右隣にトレンチが入り、列石が基底のラインを上げつつ、奥側に曲がり込んで終わっていく状態がはっきり見て取れました。非常に美しく精緻《せいち》な造形に、古代・吉備の人々の美意識が見て取れ、同時にこんな造形美を築造できる被葬者は、やはりただ者ではなかったという思いを強くしました。

発見された大量の「朱」から浮かび上がる、東アジアと関係が深い人物像

さて、これらの発掘調査によって、この墳丘墓からは驚くべきものが見つかりました。

中心となる埋葬施設＝主体部には、木製の外枠＝木槨《もっかく》に囲まれた木棺（木製の棺）があったと考えられ、その底にあたる部分に約32キロもの大量の朱（水銀朱という赤い鉱石）の層が見つかったのです。当時、なかなか入手困難な朱が、1つの遺跡で約32キロも見つかったというのは尋常ならざることです。

古代において、赤という色は生命や太陽、邪悪なものを避ける辟邪《へきじゃ》の色であり、朱は珍重されており、一部の特別な人間でなければ所有できなかったはずです。もしかすると中国から届いたものだったかもしれず、被葬者は中国との関係が深い人物だったとも考えられます。他に墳丘墓には少なくとも2人の人物が埋葬されていることもわかっており、今後の調査が待たれるところです。

目を見はる鮮やかな朱が主体部から現れた。
岡山大学考古学研究室 提供

墳頂の祠には、「弧帯文石《こたいもんせき》」と呼ばれるご神体の石が安置されていました。この石には弧状の線彫りの帯が巻きつくように複雑にからまり合って立体的に施され、また正面の角には人の顔も描かれていました。それとは別に、発掘調査の折、主体部からバラバラに壊された石の破片が見つかり、接合してみるとご神体とそっくりの文様を持つ石でした。1つは完全な形で残り、1つはバラバラに砕けていたことから、2つの弧帯文石には祭祀を含めて、それぞれ異なる役割があったと考えられています。

不可思議な弧帯文石や大量の朱、壮大な列石など、後の古墳時代に築造される古墳も含めて、他に類を見ない華々しい道具立てで飾られた楯築墳丘墓に眠る人物は、東アジアとの国際的な交流を示しつつ、ダイナミックな社会の変動の中で、〝ただならぬ〟存在感を持つリーダーだったことは容易に想像できるでしょう。

北部九州から始まったモニュメント築造の波を考察する

古代、人が集まって大きな社会をつくり始め、それを最初の国家へと立ち上げていくプロセスにおいて、まず、人心を1つにまとめていくことは国家の基盤づくりに欠かせないことでした。人々の心を結びつけるために、新奇で壮麗で美しく、見たこともない巨大な建造物＝モニュメントをつくり出すのは、リーダーの力を見せつけるのに非常に効果的だったでしょう。例えば、古代ブリテンのストーンヘンジ、古代ギリシアのパルテノン神殿などがそうで、日本列島では墳墓系のモニュメントがそのシンボルとなりました。

弥生時代の墳丘墓、古墳時代の古墳など、日本列島では古代から権力や権威を「墓」によって示してきました。そして、最も大きく立派な墓に、その時代の王、倭国の王が葬られたと考えるのが自然ではないでしょうか。

我が国におけるモニュメント築造には3つの震源地あったと私は考えています。その第1段階は、紀元前1世紀頃の北部九州の甕棺墓群《かめかんぼぐん》です。

甕棺とは素焼きの甕を棺にしたもので、中でも大型で、大量の鏡や青銅の武器など豪華な副葬品が入っている甕棺は、まさに王の棺といえます。仮に北部九州の勢力を筑紫王権《つくしおうけん》と呼ぶとすれば、その王の墓たる大型の甕棺、これが第1段階のモニュメントです。

その次に登場する卑弥呼《ひみこ》の墓といわれるヤマトの箸墓古墳をはじめとする、延々と築かれたヤマト王権の歴代の王たちの古墳が、第2段階だと考えられてきました。しかし、楯築墳丘墓の実体を知るほどに、この第1段階と第2段階の間にもう1

楯築墳丘墓からバラバラになって出土した弧帯文石。
岡山大学考古学研究室 提供

つ、真の第2段階があり、これが中国の史書『後漢書《ごかんじょ》』に登場する倭国王「帥升《すいしょう》」の墓ではないかと考えるようになりました。箸墓古墳は第3段階のモニュメントであり、第2段階に帥升の墓があった。その墓とは、帥升がいたとされる弥生時代後期後半において、ずば抜けた規模と内容を持つ楯築墳丘墓をおいて他にありません。

国の重心が移動する途上で列島を掌握したのが帥升だったのか

ではなぜ、吉備に帥升の王墓が築造されたのでしょうか。

まず、第1段階の王がいた九州は、倭人社会の富や権力を集中させるには西にありすぎて、南北に長い日本列島を掌握するための王都とするには物理的にも不便だったといえます。

列島の真ん中あたり、東海道、東山道、瀬戸内ルート、さらに北陸や紀伊半島につながるルートが交差する非常に重要な「十字路」に、ちょうどヤマトがありました。人や物資、情報はこの十字路に集中するはずであり、また、この地はその頃、力を持ち始めて発展しつつあった関東に睨《にら》みをきかせ、さらに東北まで平定していくにあたって、倭人社会の中心地として定めるのにも適していたのでしょう。

平野部の少ない九州からもっと豊かな農業生産基盤を求め、さらには全国統一を図るにふさわしい地へと、権力の中枢が自然に移動していく、つまり、西の九州から中央のヤマトへと国の重心が移動する段階があったその間に、一時ですが、中間の吉備の地に非常な力を持つ王が現れて、九州とヤマトを牽制しつつ、列島を掌握した時期があったのではないか。そのタイミングの倭王こそ帥升であり、この偉大な王を葬ったのが、空前絶後の墓として君臨する楯築墳丘墓というわけです。

第3段階の倭王、卑弥呼の墓といわれるヤマトの箸墓古墳からは、楯築墳丘墓と同様の特殊器台《とくしゅきだい》という吉備独特の土器が見つかっています。最初の前方後円墳といわれる箸墓古墳のデザインは、楯築墳丘墓のデザインからの発展形であり、墳丘には楯築と同じように特殊器台を設《しつら》えています。卑弥呼の墓は、前王である帥升をリスペクトしつつ、その墓を参考にして築造されたと考えることもできるのです。

楯築墳丘墓を倭国王・帥升の墓と立証することは、邪馬台国《やまたいこく》の位置の確定と同様、私たちが生きている間には、難しいでしょう。そうだったとしても、そうでなかったとしても、楯築墳丘墓の被葬者は、墳丘墓が築造された2世紀において、この墳丘墓の被葬者が日本列島に並びなき存在であり、のちのヤマト王権の王墓、前方後円墳の形成に強い影響を与えたことは間違いありません。

古代、九州とヤマトの間に燦然《さんぜん》と輝き、私自身が発掘して度肝を抜かれた楯築墳丘墓は、日本の国家成立過程の謎をも含んで、あまりにも深く、壮大な存在だといえるでしょう。

石棺内部から赤色顔料を発見

吉野《よしの》ヶ里《がり》遺跡は邪馬台国の都《みやこ》だったのか

未調査の発掘現場から見つかった石棺墓

令和5年（2023）5月、国指定特別史跡の吉野ヶ里遺跡（佐賀県吉野ヶ里町・神《かん》埼《ざき》市）で、石棺墓1基が見つかったことが発表された。

石棺墓は遺跡中央部にある日吉神社の跡地で発見されたもので、墓には4枚の石からなる全長約2・3メートルの蓋《ふた》があった。幅は約65センチ、重量は100キロ以上もあり、過去に吉野ヶ里遺跡で見つかったものの中でも最大規模を誇る。石棺を入れるための穴が遺跡内の他の石棺墓よりも大きく、高い位置にあったことから、有力者の墓と推測される。

史跡として整備された吉野ヶ里遺跡は、広さが約54ヘクタール。遺跡を守るため、遺構面の上に盛り土をしており、その上に環濠や竪穴《たてあな》建物、物見櫓《やぐら》、高床倉庫、柵などを復元している。吉野ヶ里遺跡は弥生時代に営まれた環濠《かんごう》集落で、昭和61年（1986）に見つかった。あまりに規模が広大だったことから、当初は中国の歴史書『魏志《ぎし》』倭人伝に登場する邪馬台国《やまたいこく》ではないかともいわれた。

吉野ヶ里遺跡
佐賀県神埼市と吉野ヶ里町にまたがって広がる日本最大規模の弥生時代の環濠集落跡で、98棟の建物が復元されている。

『魏志』倭人伝には、「楼観《ろうかん》」「城柵」「宮室《きゅうしつ》」などの施設が邪馬台国に備わっていたことが記されている。吉野ヶ里遺跡にはそれらが揃って存在していたと見られ、「吉野ヶ里遺跡＝邪馬台国」の説を後押しした。しかし、研究が進むうちに邪馬台国の年代と遺構の年代に大幅なズレがあることが判明し、その説は次第に下火になった。

しかし、吉野ヶ里遺跡は邪馬台国の姿を具体的に示す遺跡であることに変わりはなく、土器や石器、装飾品など、さまざまな遺物が出土している。甕棺や石棺、土坑墓《どこうぼ》も見つかり、遺跡の北と南にそれぞれ墳丘墓がある。その規模から、集落の首長の墓とみられる。

赤色顔料の痕跡が墓の底部からも見つかる

公園として整備されてからも、吉野ヶ里遺跡では発掘作業が断続的に行われてきた。しかし、北墳丘墓の西側にある日吉神社の区域は発掘作業が行われず、「謎のエリア」と呼ばれていた。

令和4年（2022）、日吉神社が北墳丘墓の東側に移転し、このエリアの発掘作業が可能になった。そして、冒頭の石棺墓の発見に至ったのである。この石棺墓は弥生時代後期後半～末期（2世紀後半～3世紀中頃）のものとみられ、邪馬台国の時代に合致する。佐賀県の山口祥義《よしのり》知事は「邪馬台国の時代の有力者の墓」と発表し、古代史ファンの注目の的となった。

令和5年（2023）6月5日、石棺墓の蓋石の取り外し作業が行われた。蓋石の表面には「×」のような線が刻まれており、被葬者の魂を封じ込める狙いがあったと考えられる。石棺墓の石の隙間は粘土で密封されていたが、これは被葬者が特別な霊力を有する人物で、死後に蘇ってほしくないとの思いで埋葬されたとみられる。『魏志』倭人伝では邪馬台国の女王・卑弥呼について「鬼道《きどう》（呪術）につかえ、よく衆を惑わす」と記しているが、この石棺墓の被葬者も、呪術を操る人物だったのかもしれない。

その後も調査が進められたが、人骨や副葬品の発見には至らなかった。しかし、墓の内部を埋めていた土を除いたところ、墓の底部からも赤色顔料の痕跡が発見された。これにより、棺内の内部全体が朱に塗られていたことが判明した。古代社会では、朱は魔除けや防腐剤だけでなく、富を有する権力者を象徴する色でもあった。邪馬台国の所在地と朱の産地を結びつける説もあるため、「邪馬台国＝吉野ヶ里遺跡」説の可能性もゼロではない。

ただし、邪馬台国の所在地として有力視されている畿内にも朱の一大産地がある。そのため、今回の石棺墓の発見だけで「邪馬台国九州説」に結びつけるのは難しいという見方もある。今回の発掘調査では、残念ながら石棺墓から副葬品が見つからなかったが、赤色顔料の痕跡から、被葬者が高貴な人物であることがわかった。今後の発掘調査の成果に期待したい。

吉野ヶ里遺跡で発見された赤色顔料

令和5年（2023）の発掘調査では、指し示されているあたりに、赤色顔料が付着しているのが確認された。
毎日新聞社／アフロ 提供

巨大環濠集落から方形墳丘墓が出土
妻木晩田《むきばんだ》遺跡が消滅した謎

日本海沿岸特有の四隅突出型《よすみとっしゅつがた》墳丘墓

鳥取県米子市、大山《だいせん》町にある妻木晩田遺跡は、中国地方の最高峰・大山（標高1720メートル）の北麓に位置する。孝霊山（標高751メートル）から派生する標高90～150メートルの丘陵地に展開しており、北側と西側への眺望が開けている。淀江《よどえ》や米子の平野部や島根半島を見渡すことができ、この地域の拠点集落だったとみられる。当時の最先端アイテムである鉄器の他、鏡の破片やガラス製品などの外来交易品も多く出土していることから、日本海沿岸の都市や大陸との交易も盛んだったと考えられる。

集落は弥生時代中期の終わり頃（紀元前1世紀）から形成され始め、後期の終わり頃（2世紀後半）に最盛期を迎え、3世紀後半まで営まれた。遺跡の範囲は約170ヘクタールと国内最大級の弥生集落遺跡で、巨大環濠集落として知られる九州の吉野ヶ里遺

妻木晩田遺跡の四隅突出型墳丘墓
妻木晩田遺跡には39基の墳墓があり、日本海沿岸に広がった四隅突出型墳丘墓も確認されている。

跡よりも広い。

　妻木晩田遺跡は平成7年（1995）から平成10年（1998）にかけて行われた調査で発見され、平成11年（1999）に国の史跡に指定された。現在は「鳥取県立むきばんだ史跡公園」として整備・公開されており、観光スポットになっている。

　広大な公園は6つに区分され、このうち妻木山地区には復元された竪穴住居や高床倉庫の他、新築中の住居や廃屋になった住居跡、雑穀をつくる畑、捨てられた土器なども再現されている。

　これまでの発掘調査で、約460棟の竪穴住居跡、約510棟の掘立柱建物跡が発見されている。墳墓は39基が確認されており、日本海沿岸特有の形をした四隅突出型墳丘墓もある。方形墳丘の四隅がヒトデのように突き出た墳墓で、突出部に葺石《ふきいし》や小石が施されている。ルーツは弥生時代中期に近畿地方北部から島根県西部まで幅広く分布した「方形貼石墓《ほうけいはりいしぼ》」で、日本海交易で栄えたという時代背景から、朝鮮の墓制の影響も受けたという説もある。

最大級の墓の築造後に終焉を迎えた集落

これまでの発掘調査から、妻木晩田遺跡では1世紀後半から3世紀前半にかけて墓域が2回にわたって移動していったことが明らかになっている。2世紀後半に最盛期を迎え、3世紀後半には衰退したとされる。

平成23年(2011)度から平成27年(2015)度にかけて行われた発掘調査では、妻木丘陵の北西端で2つの墳丘墓(仙谷《せんたに》8号墓、仙谷9号墓)が確認されている。特に仙谷8号墓は妻木晩田遺跡で最大級の規模を誇り、東西約9~18メートル、南北約14メートルの台形状をしている。他の墳丘墓は木棺で埋葬されていたが、8号墓は大小の石を組み合わせた石棺に遺体が収められていた。石材を運ぶには相当量の労働力を必要としたので、被葬者はこの地域の首長クラスと推定される。

仙谷8号墓からは人骨の頭部の破片も見つかっており、3世紀後半の築造と考えられ

妻木晩田遺跡
大山の北嶺に広がる国内最大級の弥生集落遺跡であり、約460棟の竪穴住居跡、約510棟の掘立柱建物跡の他、新たに2つの墳丘墓が発見された。

ている。しかし、それから程なくして遺跡が衰退している。集落の終焉期になぜ石棺をともなうという新たなスタイルの墳墓を築造したのか。この時期は弥生時代から古墳時代の転換期にあることから、大きな社会変動が矢継ぎ早に起こり、その最中に築かれた墓とも考えられる。

妻木晩田遺跡は規模が広大で、まだ発掘調査を行っていない地区もある。今後も世間を驚かす新たな発見がされる可能性が高いので、注目したいところだ。

最大クラスの2つの巨大前方後方墳が物語る一大勢力

邪馬台国に次ぐ大国・狗奴《くな》国は東海地方にあったのか

東日本最大級の大きさを誇る前方後方墳

方形と長方形（台形）の盛り土をつなぎ合わせた形状の前方後方墳は、出雲《いづも》や東海・関東地方を中心に分布しているが、その数は500基ほどで、前方後円墳よりも遥かに少ない。そのルーツは方形を周溝（墳丘の周囲をめぐる溝）で囲んだ方形周溝墓《しゅうこうぼ》とされ、墓を囲む周溝の一部が途切れて陸橋になり、墳丘と外部がつながった「前方後方型周溝墓」になったと考えられる。伊勢湾の沿岸部で多く確認されていることから、このあたりで独自に発生し、濃尾《のうび》平野から東日本に拡散したという説もある。

200メートル超級の古墳がないこともあり、前方後方墳は「前方後円墳よりも下のランク」と考えられていた。だが近年、前方後円墳が広まっていくよりも早く、前方後方墳が伝播《でんぱ》していたという説が出てきている。

高尾山古墳
3世紀前半の前方後方墳で全長約62m、邪馬台国があった時代に築造された最古の古墳の1つである。

箸墓古墳
3世紀中頃から後半の前方後円墳で全長約276m。奈良県桜井市にあり、卑弥呼の墓とする説も根強い。

最古の前方後円墳とされる箸墓古墳（奈良県桜井市）の推定築造年代は3世紀中頃から後半だが、静岡県沼津市にある前方後方墳の高尾山古墳は、出土した土器などから「西暦230年頃の築造、250年頃の埋葬」と推定される。全長は約62メートルで、古墳時代初期の東日本で60メートルを超える古墳は、他に長野県松本市の弘法山《こうぼうやま》古墳だけである。

かつては墳丘上に神社が建っていたため、長く存在が知られていなかった。古墳だと確認されたのは2000年代に入ってからで、その保存の是非が全国ニュースに取り上げられるほど話題になった。

墳丘部の木棺からは銅鏡1面、勾玉《まがたま》、鉄槍や鉄鏃《てつぞく》などの鉄製品が出土している。槍の1本は刀身約45センチと大振りで、鉄剣だったものが槍に転用されたとみられる。副葬品の内容から、被葬者は武人だったと考えられる。

古墳がある静岡県沼津市東熊堂《ひがしくまんどう》は、弥生時代の大規模集落が発見された愛鷹山《あしたかやま》の山麓に位置する。近くには数百軒規模の「クニ」レベルに近い大集落の跡もあり、高尾山古墳の主はこのあたりを治めた人物だった可能性が高い。

邪馬台国のライバル・狗奴国の王の墓か

高尾山古墳が大きな話題になったのは、この古墳が邪馬台国時代までさかのぼる最初期の古墳だからだ。築造時期や形状などから、「邪馬台国のライバルだった狗奴国の王の墓ではないか」といわれるようになった。ちなみに、同時期に築造された箸墓古墳は、邪馬台国の女王・卑弥呼の墓という説もある。

『魏志』倭人伝には、狗奴国について次のように記されている。

「（邪馬台国の）南に狗奴国あり。男子を王となす。その官に狗古智卑狗《くこちひこ》あり。女王に属さず」

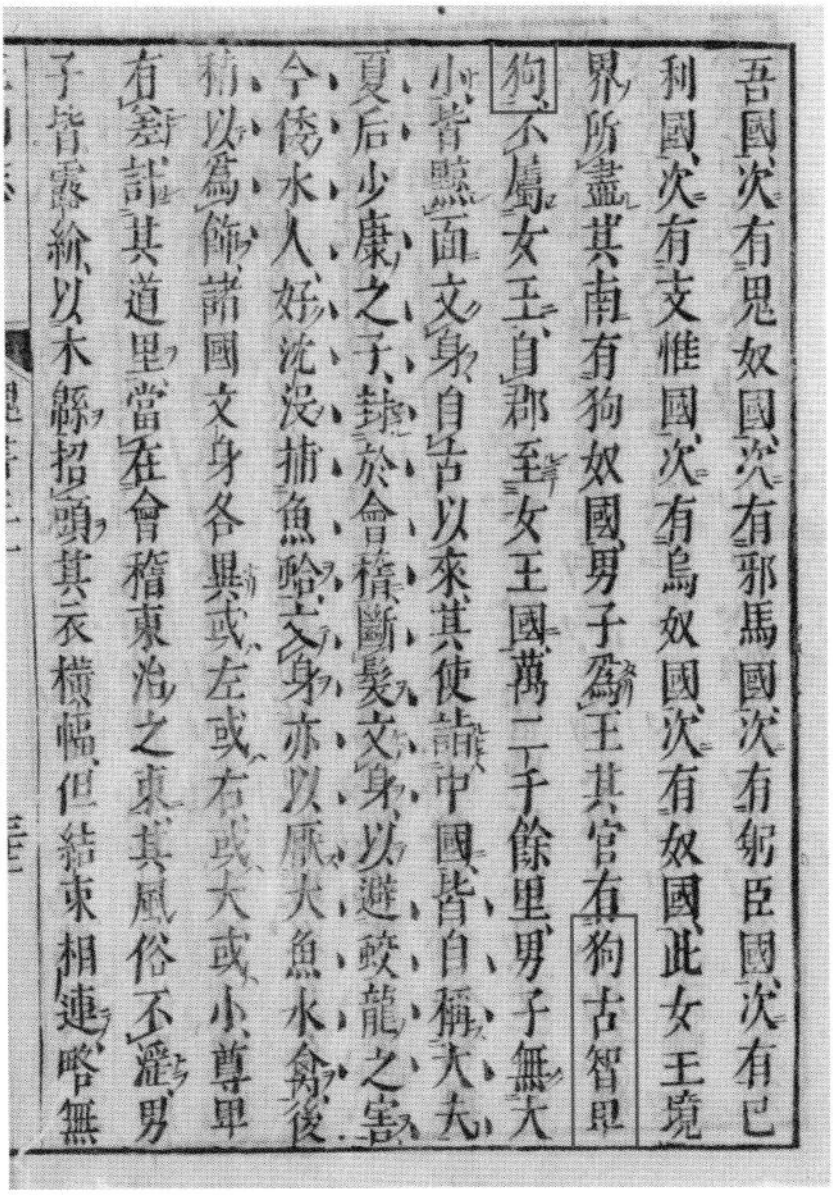
吾國次有鬼奴國次有邪馬國次有躬臣國次有巴
利國次有支惟國次有烏奴國次有奴國此女王境
界所盡其南有狗奴國男子爲王其官有狗古智卑
狗不屬女王自郡至女王國萬二千餘里男子無大
小皆黥面文身自古以來其使詣中國皆自稱大夫
夏后少康之子封於會稽斷髮文身以避蛟龍之害
今倭水人好沈沒捕魚蛤文身亦以厭大魚水禽後
稍以爲飾諸國文身各異或左或右或大或小尊卑
有差計其道里當在會稽東冶之東其風俗不淫男
子皆露紒以木緜招頭其衣横幅但結束相連略無

『魏志』巻30

『魏志』倭人伝には、邪馬台国に属さない大国として狗奴国が登場し、官人として狗古智卑狗の名前が記されている。

国立国会図書館 提供

「狗古智卑狗」は狗奴国の官とされるが、狗奴国の王の卑弥弓呼《ひみここ》よりも先に名前が出ている点から、狗奴国の実権を握る人物だったという説もある。

　さらに、『魏志』倭人伝では、狗奴国が邪馬台国と敵対関係にあったことが記されている。卑弥呼は狗奴国に勝つために中国の魏へ使者を遣わし、魏から張政《ちょうせい》という役人が派遣された。その後、邪馬台国と狗奴国は激しく争ったが、その最中に卑弥呼が死去した。卑弥呼の死後、狗奴国がどうなったかについては、『魏志』倭人伝に記述がないので定かでない。邪馬台国に敗れて滅んだとも、逆に邪馬台国を滅ぼしてヤマト王権になったともいわれる。

『魏志』倭人伝の記述に従えば、狗奴国は邪馬台国の南にあったことになる。仮に邪馬台国が北部九州に存在していたとしたら狗奴国は九州の南部に位置することになるが、「狗古智卑狗」を「キクチヒコ」と読めば、熊本県菊池地方の主だったとも解釈できる。

ただし、邪馬台国が畿内にあったと想定すると、狗奴国はその東方にあったと考えられる。前方後円墳の広がる地域が邪馬台国の文化圏だったとみると、前方後方墳が広く分布していた東海地方は狗奴国の文化圏だったということになる。

東海地方にあった「一大王国」の正体

東海地方には岐阜県の象鼻山《ぞうびざん》古墳群や瑞龍寺山頂《ずいりょうじさんちょう》遺跡など、古いタイプの方形墓が数多く見つかっている。さらに、3世紀初頭築造とされる笹山古墳（岐阜県大野町）は全長50~60メートルの前方後方墳で、同時期では最大級の大きさを誇る。こうした分布状況から、濃尾《のうび》平野や伊勢湾沿岸を中心に、前方後方墳をシンボルとする「狗奴国連合」が誕生したという説もある。

この東日本候補地の一角として出てきたのが高尾山古墳で、一時は道路建設による取り壊しが決定したが、保存の声が高まって撤回された。日本考古学協会は「日本列島における初期国家形成過程の画期である、古墳文化形成を解明する上で極めて重要」と高尾山古墳を評価しており、古墳の史跡指定を目指して整備を進めている。

駿河湾岸地域には高尾山古墳の他、神明塚《しんめいづか》古墳や子ノ神《ねのかみ》古墳など、古墳時代前期に築造されたとみられる古墳が確認されている。古墳から出土した土器には東海西部、北陸、近江などから来た外来系の土器も含まれており、古墳の主が日本列島の各地と広く交流していた姿も想像できる。

弥生時代から古墳時代にかけて、駿河湾岸に大きな政治勢力が存在していたのは確かだったといえる。今後の新たな発見によっては、高尾山古墳の評価がさらに高まる可能性がある。

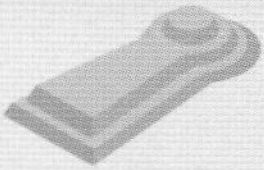

出土したガラス玉は中央アジア産と判明

邪馬台国時代の女王が眠る平原《ひらばる》遺跡

女王国に従属した倭国の外交拠点

『魏志』倭人伝では、魏の使者が対馬《つしま》国、一支《いき》国、末盧《まつら》国、伊都《いと》国、奴《な》国、不弥《ふみ》国、投馬《とうま》国を経て邪馬台国に至ったことが記されている。前半の5ヶ国については所在地がほぼ特定されており、4番目の伊都国は現在の福岡県糸島市と福岡市西区にあったと考えられている。

伊都国について、『魏志』倭人伝は次のように記している。

「末盧国から東南に陸路を進むと、500里で伊都国に着く。長官を爾支《にき》、副官を泄《せ》謨觚《まこ》、柄渠觚《ひここ》という。この国には1000戸余りの家があり、代々の王がいた。皆が女王国に従属しており、他の地域の使者が滞在する場所である」

伊都国の中心地は、糸島市にある三雲《みくも》・井原《いわら》遺跡にあったと考えられる。面積は居住

平原遺跡
伊都国の王墓と考えられる1号墓を中心とした墳墓遺跡で、弥生時代後半に築造された。

域と墓域を合わせて約60ヘクタールで、平成29年（２０１７）に国の史跡に指定された。墓域からは支石墓《しせきぼ》や甕棺墓が検出されており、鏡や勾玉などが副葬品として発見されている。当時としては珍しいガラス製品も出土しており、大陸との交流が盛んだったことがうかがえる。平成28年（２０１６）には弥生時代後期とみられる硯《すずり》の破片が出土しており、この頃から文字が使用されていた可能性がある。

三雲・井原遺跡から西へ１キロほどに位置する平原遺跡は、伊都国の王墓と考えられる１号墓を中心とした墳墓遺跡である。昭和40年（１９６５）に偶然発見されたもので、１号墓の推定築造年代は弥生時代後半の２世紀前後である。東西約14メートル、南北約12メートルの四隅《よすみ》の角が丸い長方形を呈しており、中央部に内面に朱を塗布した木棺が埋葬されている。

伊都国出土のガラス玉の成分から中央アジア産と判明

1号墓からは銅鏡40面や素環頭大刀《そかんとうたち》1本など、さまざまな副葬品が出土している。銅鏡は割られた状態で発見されており、葬送の儀礼の一環として破砕が行われたとみられる。銅鏡の中には、直径約46・5センチの大型内行花文鏡《ないこうかもんきょう》5面も含まれている。

出土した副葬品で銅鏡と共に目を引くのが、多彩な装身具である。勾玉や管玉《くだたま》、丸玉の他に、管状のガラス管を小玉が連なったように加工した連玉、耳飾りの耳璫《じとう》などが出土している。耳璫は中国において女性専用の装身具とされ、加えて『魏志』倭人伝で伊都国が「女王の国」とあることから、1号墓の被葬者は女性だったと考えられる。副葬品から武器類がほとんど出土していないのも、「1号墓の被葬者＝女性」の説を後押ししている。邪馬台国の女王・卑弥呼の墓という見方もあるが、伊都国を治めた女王の墓だった可能性が高い。

平原遺跡で出土した副葬品は、今も分析が行われている。令和3年（2021）に開催された日本文化財科学会大会では、平原遺跡出土のガラス玉の成分が、モンゴルやカザフスタンで出土した類似品と一致していたことが発表された。
分析対象となったガラス玉は複数つながった重層ガラス連珠《れんじゅ》で、弥生時代と同時期に栄えた騎馬民族・匈奴《きょうど》の墓で出土したものと、色や形がよく似ている。文化庁による奈良文化財研究所とカザフスタン国立博物館の拠点交流事業でも、同様の連珠がカザフスタンの遺跡で出土している。３ヶ国の連珠の成分を蛍光X線分析装置で測定したところ、どの連珠もナトロンという塩類を使用したソーダガラスで、同じ場所でつくられた可能性が高い。

ナトロンを使ったガラスは地中海沿岸が原産とみられ、中央アジアからモンゴル高原を通る「草原の道」を経由して東アジアに運ばれたと考えられる。この時期、ユーラシア大陸では東の中国大陸と西のヨーロッパを結ぶ交流が行われていたが、外交拠点だった伊都国にも、海外のさまざまな物資がもたらされていたようだ。

平原遺跡出土ガラス小玉
（分析された重層ガラス連珠とは別のもの）
平原遺跡からは、中央アジア産のガラス玉の他、意図的に割られた40面もの銅鏡などが出土した。
伊都国歴史博物館 提供

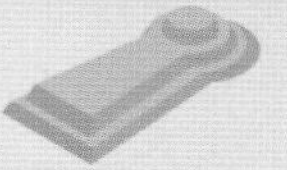

日本海側に伝播した出雲型の墳丘墓

日本海側に築かれた出雲《いづも》勢力圏

国譲り神話は史実を表しているのか

現在の島根県東部にあたる出雲地方は、神話の舞台として知られる。出雲の神話は、8世紀初めに成立した『古事記』『日本書紀』『出雲国風土記《いづものくにふどき》』などに見られる。『古事記』では出雲関連の神話が神代《じんだい》（上巻）の約3分の1を占め、古代日本において出雲が重要な場所だったことをうかがわせている。

出雲神話はスサノオのヤマタノオロチ退治に始まるが、主役はスサノオの子孫オオクニヌシである。苦難を乗り越えて地上界の王となるが、高天原《たかまのはら》（天界）の神々から「地上世界の統治権を譲れ」と迫られ、「国譲り」を承諾した。出雲神話は、長らく完全なフィクションとして扱われてきたが、完全な創作ではなく、実際に起きた出来事を元につくられたとみられる。ヤマト王権は国家形成を進める過程で多くの地方勢力を服属さ

荒神谷遺跡から出土した銅剣
昭和59年（1984）、それまで全国で発見されていた銅剣（約310本）を上回る358本もの銅剣が一度に出土して大きな注目を集めた。
島根県立古代出雲歴史博物館 提供

加茂岩倉遺跡
平成8年（1996）に39個もの銅鐸が出土した加茂岩倉遺跡では、出土状況が再現されている。
島根県観光連盟提供

せたが、それを「国譲り神話」に反映させたという見方もある。

考古学的な発見が少なかったので、古代出雲は長らく「実体がわからない神話の国」という扱いだった。ところが昭和59年（1984）、島根県出雲市の荒神谷《こうじんだに》遺跡から大量の銅剣が出土し、学界に衝撃を与えた。当時、日本で確認されていた弥生時代の銅剣の総数は約310本だったが、それを上回る358本の銅剣が発見された。翌年には近隣で6個の銅鐸《どうたく》と16本の銅矛《どうほこ》が見つかり、さらなる話題を集めた。

平成8年（1996）には、荒神谷遺跡の近くにある加茂岩倉《かもいわくら》遺跡（島根県雲南市）で39個の銅鐸が発見された。1ヶ所からの出土としては最多の量で、出雲は一気に〝銅鐸大国〟となった。これらの発見だけで神話が史実だったとみなすのは難しいが、青銅器の大量発見は、古代出雲で独自の文化圏があったことを示している。

当時、銅鐸は近畿・東海、銅剣・銅矛は北部九州で多く出土する傾向があった。しかし、その中間に位置する出雲で両方が一緒に出たことで、この傾向は大きく変わりつつある。当時の出雲は、日本海を通じて北部九州や畿内と交流していたとみられる。日本海の交易品として知られるのが糸魚川《いといがわ》産のヒスイで、勾玉や大珠《おおだま》の材料として重宝された。

復元された四隅突出型墳丘墓
6基の四隅突出型墳丘墓が集中する西谷墳墓群の2号墓。弥生時代において最大規模の墳丘墓である。
島根県観光連盟 提供

出雲を象徴する四隅突出型墳丘墓

出雲は弥生時代以前から活発に各地と交流していたことがわかっている。平成30年（2018）には、主に東日本で出土するタイプの異形土器が、縄文時代後期の京田《きょうでん》遺跡（島根県出雲市）で発見されている。「隆線文《りゅうせんもん》」と呼ばれる文様が曲線的に施され、表面には水銀朱が塗られた特殊な形状で、祭祀の場で使われたとみられる。東日本系の異形土器の発見は、出雲の交流圏域の広さを物語っている。

弥生時代の出雲では、四隅が外側に向かって突き出した「四隅突出型墳丘墓」が築かれたが、これも日本海の文化圏を象徴している。似たような墳丘墓が北陸でもつくられており、出雲の文化が日本海を通じて北陸にも及んだとみられる。

さらに、出雲は朝鮮半島や大陸ともつながりがあったと考えられている。島根県松江市の朝酌《あさくみ》矢田Ⅱ遺跡では、令和4年（2022）に弥生時代中期の配石木棺墓1基が見つかっている。配石木棺墓は朝鮮半島から伝わった墓のつくり方で、それまで山陰地方ではほとんど見られない遺構だった。

この遺跡では令和2年（2020）、『出雲国風土記』に登場する官営の渡し場「朝《あさ》酌渡《くみのわたり》」の一部とみられる遺構も発見されている。縄文土器や古墳時代の建物跡も見つかっていることから、この地域が長きにわたって交通の要衝として利用されていたとみられる。

また、島根県出雲市の山持《ざんもち》遺跡では朝鮮半島南部の土器が多数出土しており、本州では極めて稀な楽浪《らくろう》系土器も発見されている。平成29年（2017）には白枝荒神《しろえだこうじん》遺跡（島根県出雲市）で中国製の鏡が見つかったが、出雲地方で中国製の鏡が出土した初めての事例となった。

ヤマト王権に屈して傘下に組み込まれる

ヤマト王権が発展する以前、山陰や北陸などの日本海沿岸には、畿内と一線を画した独自の勢力が存在していた。出雲もその1つで、四隅突出型墳丘墓はその象徴的存在であった。

弥生時代後期（1～3世紀）の後半には全長が50メートルを超える西谷《にしだに》3号墓（島根県出雲市）など、巨大な四隅突出型墳丘墓が築造された。しかし、ヤマト王権が台頭すると姿を消し、代わりに前方後円墳が築かれるようになった。令和4年（2022）に島根県最大の前方後円墳であることが判明したスクモ塚古墳（島根県益田市）も、ヤマト王権とのつながりが深い地元の首長が葬られたと見られる。

日本海の交易を背景に栄えた古代出雲だったが、次第にヤマト王権に組み込まれていき、出雲にも地方行政官である国造《くにのみやつこ》が派遣された。国造は大化改新以降、徐々に廃止されていった。しかし、出雲国造は祭祀を司る世襲性の名誉職として、称号が存続された。

出雲国造《こくそう》として出雲（杵築《きづき》）大社《おおやしろ》の祭祀を執り行ってきたのは出雲氏で、出雲地方の政治にも関与してきた。平安時代からは祭祀に専念するようになり、一子相伝《いっしそうでん》で祭祀職務を継承した。南北朝時代には国造職の継承をめぐって争いが起こり、千家《せんげ》氏と北島氏に分かれて現在に至っている。

前方後円墳の先がけだった可能性も

瀬田《せた》遺跡で奈良県初の円形周溝墓を発見

箸墓古墳よりも古い纒向《まきむく》型前方後円墳

奈良県橿原市の瀬田遺跡では平成28年（２０１６）、２世紀後半の築造と推定される円形周溝墓が発見された。形が似ていることから、前方後円墳の原型だという指摘もある。全長は約26メートルで、墳丘の直径は約19メートル。墳丘は削り取られてしまったので残っていないが、周溝がよく残っているので、そこから墓の形や大きさを把握することができる。溝は幅約6〜7メートル、深さ約50センチで、南西部には長さ約7メートル、最大幅約6メートルの陸橋がついている。埋葬施設は発見されていない。また、平成29年（２０１７）には、周溝で精巧な脚（台）付き編みかごが見つかったことが報じられている。脚付き編みかごの出土は国内初で、収穫した農作物などを入れたとみられる。

大和盆地の南東部には、最古級の前方後円墳として知られる箸墓古墳（奈良県桜井市）がある。3世紀中頃から後半の築造とされ、宮内庁は倭迹迹日百襲姫命《やまとととひももそひめのみこと》（7代孝《こう》霊《れい》天皇の皇女）の墓に治定している。古墳の規模は全長約276メートルで、後円部は5段築成（最下段は基壇的なものとして数えない説もある）。邪馬台国の女王・卑弥呼の墓という説もある。

纒向石塚古墳
後円部と前方部の比率はほぼ2対1になっており、後円部はもともと3段あったが墳丘の上部は失われている。
国土地理院 提供

箸墓古墳よりも古い時期に築かれたのが「纒向型前方後円墳」で、纒向石塚古墳やホケノ山古墳（どちらも奈良県桜井市）などがある。桜井市纒向学研究センター長の寺沢薫氏によって提唱されたもので、一般的な前方後円墳よりも前方部が低く短い。

例えば、3世紀初頭に築造された纒向石塚古墳は、全長が約99メートルで、後円部の直径が約68メートル、前方部の長さが約31メートルで、後円部と前方部の比率がほぼ「2対1」になっている。葺石や埴輪《はにわ》は用いられておらず、弥生時代末期の「墳丘墓」とする意見もある。

円形周溝墓から始まる前方後円墳の歴史

香川県や兵庫県、大阪府、滋賀県では、纒向石塚古墳よりも古い前方後円形の円形周溝墓が見つかっている。奈良県にもそういった古墳があったと考えられていたが、瀬田遺跡で円形周溝墓が発見されたことで、その裏付けになりつつある。瀬田遺跡の円形周溝墓から纒向型前方後円墳、そして前方後円墳と、古墳の進化の過程を見ることができる。前方後円墳のルーツを探るという意味でも、瀬田遺跡での発見は非常に大きなものであった。

円丘から長方形の台が伸びる前方後円墳は、もともとは円形の墳丘墓だったと考えられる。円形につけられた陸橋部分で祭祀などが行われたが、徐々にその部分が大きくなり、最終的には鍵穴のような形になったといわれる。瀬田遺跡の円形周溝墓も、陸橋部の幅が三味線《しゃみせん》のばちのように外側へ広がっていた。

弥生時代の墳丘墓は時代を経ると共に規模が大きくなり、周りにも濠が掘られるようになった。こうして円形周溝墓となり、前方後円墳になるのだが、これがなぜヤマト王権の象徴になったのかについては明らかになっていない。

第3章

検証 古代天皇陵の正体

最新研究レポート

倭の五王と海を越えたつながりを探る

取材・文／郡麻江

堺市博物館 学芸員
橘 泉（たちばな・いずみ）
昭和63年（1988）奈良県生まれ。大阪大学大学院文学研究科修了。八尾市立しおんじやま古墳学習館、甲賀市水口歴史民俗資料館を経て、堺市博物館で勤務。専門分野は日本考古学。主な研究報告に「盾持人埴輪の形態的変遷」、「百舌鳥夕雲町遺跡出土　須恵器器台の検討」、「乳岡古墳出土衝立形埴輪について」などがある。

4世紀以降、中国大陸では国が乱立し、その影響は朝鮮半島にも伝わっていった。緊張が高まる情勢下、半島北部に勢力を持つ高句麗《こうくり》が次第に半島南部へと拡大を図るようになる。一方、ヤマト王権を中心にまとまりつつあった倭国では、半島、大陸との交流が活発化していた。時代は5世紀へ移り、国内統一が進む中、海を越えたつながりはどのように変化し、展開していったのだろうか。

錯綜する東アジア情勢の中、微妙な均衡を保つ倭国の外交

5世紀に入ると倭国は中央集権的な体制を強めていくが、それを象徴するのが中国

百舌鳥古墳群復元図
巨大古墳を築造した5世紀の王たちは「海を越えたつながり」という国際的な視野を持って、この国をまとめていったのだろうか。
堺市 提供

の『宋書《そうじょ》』に現れる5人の歴代の倭国王だ。讃《さん》・珍《ちん》・済《せい》・興《こう》・武《ぶ》の5人の王が宋に対して使節を派遣して外交を行ったと記されている。誰がどの天皇なのかは諸説あるが、5世紀に築造ラッシュが続いた百舌鳥《もず》・古市《ふるいち》古墳群の巨大古墳のいずれかに、五王の誰かが埋葬された可能性は高いといわれている。

「倭の五王が活躍した時代、大陸から朝鮮半島にかけて〝昨日の敵は今日の友〟というような非常に複雑な状況が続いていました。『宋書《そうじょ》』には、倭の五王が宋に再三、遣使《けんし》をして称号を求めたとありますが、それは倭国の王たちが国内を安定させ、国際的な地位を高めるために当時の中国南朝の後ろ盾が必要だったからでしょう。考古学的な史料やモノの交流をたどっていくと、倭国と、高句麗、百済《くだら》、新羅《しらぎ》、伽耶《かや》諸国などの国々は、敵対する時期もあり、友好的に交流する時期があることがわかります。倭国を含めて、世の動静がそれだけ変わりやすく、不安定だったといえるでしょう」

倭国と半島の国々の関係を文字で示すものに、「七支刀《しちしとう》」と「好太王碑《こうたいおうひ》」(中国・吉林省)がある。「七支刀」は石上神宮《いそのかみ》(奈良県天理市)に古くから伝えられてきたご神宝だ。時期は諸説あるが、369年に百済から贈られた鉄剣で金の象嵌《ぞうがん》で文字が記されている。百済と倭国の関係の始まりを記念する形で贈られたともいわれている。〝百済から倭国王に献上された〟、もしくは〝百済から倭国王へ下賜《かし》した〟と解釈が分かれていたが、現在では〝百済と倭国の対等な同盟関係によって贈られたのではないか〟という説が有力だ。

「好太王碑」とは、414年に当時の高句麗の王都に建てられた4面の石碑で、好太王の業績を記したものだ。倭国と高句麗の戦いの歴史も記されている。〝倭が新羅を攻めたが、高句麗がそれを撃退した〟という内容であるが、真偽のほどはわかっていないそうだ。

「『好太王碑』の銘文に倭国の名前が10~11回と何度も出ていることから、高句麗は倭国を特別に意識していたのではないかと思われます。『七支刀』は百済と倭国の関係、

『好太王碑』は高句麗と倭国の、それぞれ微妙な関係性を示唆しているように思えます」

敵対と友好を示唆するモノから見る諸外国との交流

各国との関係を今に伝えるものとして、さまざまな渡来系の遺物が残されている。

「2世紀頃から中国では威信財《いしんざい》として銅鏡から鉄鏡へと変わっていきますが、国内でほとんど類例のない鉄鏡が大塚山古墳（百舌鳥古墳群・消滅古墳）から見つかっていて、この古墳の被葬者と中国大陸との強いつながりが感じられます。また応神《おうじん》天皇陵古墳（誉田御廟《こんだごびょう》山《やま》古墳）とゆかりがある誉田《こんだ》丸山古墳（古市古墳群）からは、華麗な装飾の

好太王碑
（中国・吉林省）
高さ約6.3m、幅約1.5mの角柱状の石碑で、高句麗の好太王の業績が刻まれており、5世紀の倭国についても記述がある。
アフロ 提供

七支刀
奈良県天理市の石上神宮に伝わる神宝で、百済から倭国にもたらされた。刀身には61文字の銘文がある。
石上神宮 提供

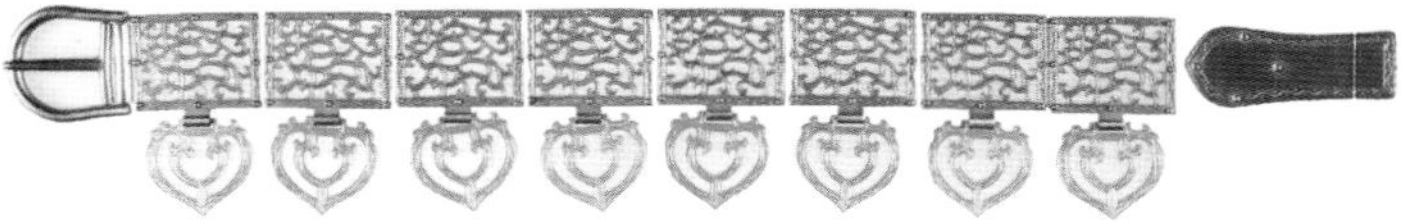

帯金具（復元模造品）
新羅の影響を受けたと考えられる七観山古墳（百舌鳥古墳群）で見つかった帯金具で、龍文が表現されている。
堺市博物館 提供

金銅透彫鞍《すかしぼりくら》金具が２組見つかっていて、これらは中国の三燕《さんえん》からもたらされたという説があります」

他にも七観山《しちかんやま》古墳や城《じょう》ノ山《やま》古墳（共に百舌鳥古墳群）からは新羅系と考えられる帯金具が出土している。七観山古墳の帯金具の龍の文様は、新羅の林堂洞《りんどうどう》７Ｂ号墳（韓国・慶尚北道）から出土した帯金具と類似している。また城ノ山古墳の帯金具は非常に薄く加工されているが、帯金具を薄くつくる特徴もまた、新羅の影響が考えられる。

また、明治時代に発見された仁徳《にんとく》天皇陵古墳の前方部の記録からは、前方部の石棺周囲から２つのローマンガラス器（ローマ帝国領内でつくられたガラス）が見つかったとされている。新羅系渡来人の墓とされる新沢千塚《にいざわせんづか》１２６号墳（奈良県橿原市）からもガラス製の青い皿と白い小壺が出土しており、仁徳天皇陵古墳と近い時期の古墳ということから、堺市博物館ではこれを参考に２つのローマンガラスを推定復元している。

「ローマンガラスの起源は遠くペルシアあたりから伝わったも

のと考えられますが、重要なのは、中継地はどこかということです。新羅ではその出土数の多さから、古くからローマンガラスを愛好する人が多かったとされていて、おそらくですが、新羅経由で倭国に入ってきた可能性が高いと思います」

新羅と倭国の関係は、4〜6世紀にかけてほぼ敵対していたと考えられているが、前出の帯金具やローマンガラスなどの出土例から、敵対していた時期、あるいは交易などが行われた時期などが複雑に入り組んでいたのではないかという。

古墳の副葬品の変化と倭国の軍事力強化への方向性

5世紀、つまり巨大古墳が築造される時期になると、古墳の副葬品として鉄製の武器や武具など、軍事にかかわるものが目立ってくる。

「襟付短甲《えりつきたんこう》（首と胸腹部を防御する鎧の一種）」といって、首と胴を守るような独特のデザインの短甲が、大塚山古墳（百舌鳥古墳群・消

襟付短甲
大塚山古墳（百舌鳥古墳群・消滅古墳）の三角板革綴襟付短甲。この古墳からは多量の鉄製武器や武具、農耕具なども見つかっている。
堺市博物館　提供

滅古墳）や野中古墳（古市古墳群）など、近畿とその周辺の古墳から見つかっていますが、出土例が少なく、ヤマト王権とのつながりの深い人物のみが持つことができたのではないかと考えられています。いずれにせよ、甲冑などは渡来のものより、国産のものがほとんどだと思われます」

当時の日本には鉄の生産技術がなく、武器製造のための鉄は主に半島南部の伽耶諸国から入手していたと考えられている。これら軍事色が濃い副葬品は、その頃の倭国が軍事的性格を強めていったことを知る一端になるかもしれない。

巨大古墳に眠る、歴史の激流を乗り切ろうとした倭国王たち

大陸や朝鮮半島からは、このようにさまざまな物資や先進技術、文化が日本に入ってきた。では日本からは、どんなものが海を渡っていったのだろうか。

特に注目されているのがヒスイの勾玉だ。朝鮮半島の高貴な人物の副葬品になっているものは、ほとんどが日本産だという。当時、ヒスイの生産地はおそらく日本とミャンマーだけで、ヒスイは非常に貴重なものだった。ただそれだけで、日本が大陸や半島から得たものと質、量共に見合ったのかという疑問が湧いてくる。

「倭国が提供した大きなものに軍事力があったと思います。常に不安定なパワーバラ

ンスのもとにあった朝鮮半島では、倭国からの軍事力の後ろ盾の有無は、非常に重要でした。軍事力を送り込むことで、〝もらうばかりではない〟対等な関係が保てたのかもしれませんが、倭国は必ずしも半島の国々と対等な関係である必要はなかったとも考えられます。4世紀以降、半島の国々は混乱の中で倭国とのつながりを求めてきましたが、それに対してどこの国を軍事支援するかは倭国側に検討の余地がありました。特に百済は南下してくる高句麗への対抗策として、倭国の軍事力への期待も強かったはずです。ある意味、倭国は優位な立場を取れていたのかもしれません」

しかし、倭国側も安心してはいられなかっただろう。刻々と変わる半島の国々の情勢を慎重に正確に見きわめなくてはならないし、いまだ国内の統一はできておらず、例えば、九州勢や吉備勢などは、常に警戒すべき存在だったはずだ。

「倭の五王をはじめ、倭国を率いる王たちはまさにその時々で絶妙な舵取りをしつつ、海を越えたつながりをダイナミックに、時に緻密に展開していったのでしょう。倭国は単なる東の端の小さな島国ではなく、半島から大陸にかけての刻々と変わる情勢に大きな影響を与える存在だった可能性もあります。倭の五王たちが被葬者かもしれぬ巨大古墳の数々に、歴史の激流の中で5世紀を乗り切っていったトップリーダーたちの力強い足跡を感じ取ってみてください」

最新発掘レポート

ニサンザイ古墳から過去に例がない「木の橋」が出土

取材・文／郡麻江

堺市文化観光局
歴史遺産活用部文化財課
内本勝彦（うちもと・かつひこ）
昭和37年（1962）年、大阪府生まれ。関西大学文学部卒業。堺市役所入庁後、埋蔵文化財センター、文化財課などに所属。この間、堺市内の遺跡の発掘調査や埋蔵文化財の調整業務に従事。

ニサンザイ古墳は世界遺産に認定された百舌鳥・古市古墳群の中でも、類《たぐ》い稀《まれ》な美しさで知られ、別名「ビューティフル古墳」とも讃えられる。しかし、この古墳はただ美しいだけの古墳ではなかった。それまでの古墳の常識を覆すような発見があったのだ。長年、ニサンザイ古墳の調査にかかわってきた堺市文化財課の内本勝彦氏に話をうかがった。

水との戦いに苦心した発掘調査から思わぬものが出土

「そもそも最初に穴が並ぶことに気づいたときは、何だろう？　という状況でした。とにかく何かわからないけれど、とんでもないものが見つかったなと思いました。調査が

ニサンザイ古墳全景
百舌鳥古墳群の中でも群を抜いて美しいニサンザイ古墳。
前方部が高く、迫力ある墳丘の姿を楽しむことができる。
国土地理院 提供

進むにつれ、今までの常識が覆るような、こんなものがこんなところにあるとは⁉という感じでした」と内本氏は、発掘当時の驚きを、今なお、隠せない。

ニサンザイ古墳は百舌鳥古墳群の東南の端に位置する前方後円墳で、全国で7番目の大きさを誇る巨大古墳だ。倭の五王のうちのいずれかの墓ではないかともいわれている。

「堺市は、平成24〜27年（2012〜2015）度にかけて4次の発掘調査を行いました。このうち平成24年度は宮内庁と同時に調査を行い、私たちはくびれ部と後円部の先端の2ヶ所を調査しました。もっとたくさん掘るはずだったのですが、調査が難航して、この2ヶ所のみになりました」

その理由は水との戦いだった。周濠《しゅうごう》の水をポンプで汲み出しながらの調査だったが、すぐに水が染み出てきて現場がヘドロ状になり、作業が手間取る。しかも真冬で厳寒の中での調査だったというから、その苦労がしのばれる。しかしそんな中、内本氏らはそれまでの常識を遥かに超えたものに出合ったのだ。

平成24年度の調査で、後円部の墳端に大きな穴がいくつも並んでいることがわかっていた。その時は調査範囲の制約から、穴の並びが2列なのか7列なのかわからず、全容をつかめなかった。しかし、平成27年度の調査でさらに掘り進めていったところ、周堤（古墳の周囲の土手状の部分）側でも7個の穴が見つかり、7列の穴が濠を横断して規則的に並んでいることが判明した。

「これは一体何だろう？と疑問をかかえながら掘り進めていきました。墳丘側で7列、周堤側で2列分の穴が見つかり、これが見事に古墳の主軸に沿って真っ直ぐつながることがわかりました。穴と穴は約1・5〜1・8メートル（桁方向）の間隔で規則正しく続き、おそらく木の橋であろうという考えに至ったのです。しかし、全容がわからない。そこで平成27年度には橋の幅を明らかにする目的で調査を行い、ここにきてようやく、古墳の濠に幅約12メートル、長さ約55メートルの、常識を超える巨大な木の橋が

墳丘側の柱穴列の発掘の様子。柱穴が規則正しく掘られている。幅が広く、かなり大型の橋だったことが見て取れる。
堺市文化財課 提供

橋脚部分とされる木材。橋の他の部材はほとんど見つかっておらず、葬送儀礼が行われた後にすぐ、橋が撤去された可能性があるという。
堺市文化財課 提供

架けられていたと確信したのです」

古墳に架けられた木の橋の利用法とは

柱穴を調べると約90センチ四方の四角い穴で、深さは約1メートルもあり、しっかりとしたつくりだった。柱材とみられる木材が2つ発見されたが、樹の種類を調べたところ、クヌギかアベマキという雑木ということもわかった。

「材は木製祭祀具に使われるコウヤマキではなく建築材などに使われる雑木で、その1つは穴に差し込まれた状態で倒れていました。おそらく橋脚で間違いないでしょう」

では、この木の橋は、いつつくられたのか。内本氏らが濠内の土の堆積状況から濠と柱穴の関係を慎重に調べたところ、柱穴は、濠の掘削後、濠底にいったん水が溜まった後に掘削され

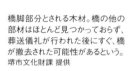

ており、また、墳丘上に並べられていたであろう木製品や埴輪《はにわ》などが崩落する以前には埋まっていたことがわかった。

「柱穴は古墳築造の最終段階、もしくは築造後間もない頃につくられたと考えられます。古墳の被葬者は1人とは限りませんので、築造の最終段階ということになれば初葬時に、あるいは築造後間もない頃となれば追葬時に橋が架けられたかもしれません。考古学的には架橋の時期をこれ以上絞り込むことは難しいですが、いずれにせよ、ずっと時代が下った江戸時代の立派な橋として知られる日本橋よりも大きな平面規模を持つことから、古墳時代の橋としては、常識外れの大きさだったと思います」

では、この木の橋は何の目的で架けられたのだろうか。専門家の解釈はさまざまに分かれている。「巨大な橋の上を渡って、被葬者（天皇）の遺体を墳丘へと運んだ」「橋の強度を考えると石棺も運んだはず」「橋の幅を考えると、豪族たちが葬送の列の横に立ち並んだ」など、諸説ある。

「そもそも古墳は単なるお墓ではなく、儀式を行う場であり、権力を誇示するための装置でもありました。葬送儀礼には、あえて見せるものと見せないものがあったと思います。重厚で長大な木の橋は、見せる儀式のための舞台装置だったのではないでしょうか」

周堤からもその様子は見て取れたはずで、おそらく多くの人が見守る中で、壮大できらびやかな葬送儀礼が執り行われたのだろう。

当時の葬送儀礼のあり方に、一石を投じる新発見

今回の調査で、周濠から翳《さしば》形木製品や蓋《きぬがさ》の立ち飾りなど木製品が多数出土した。適度

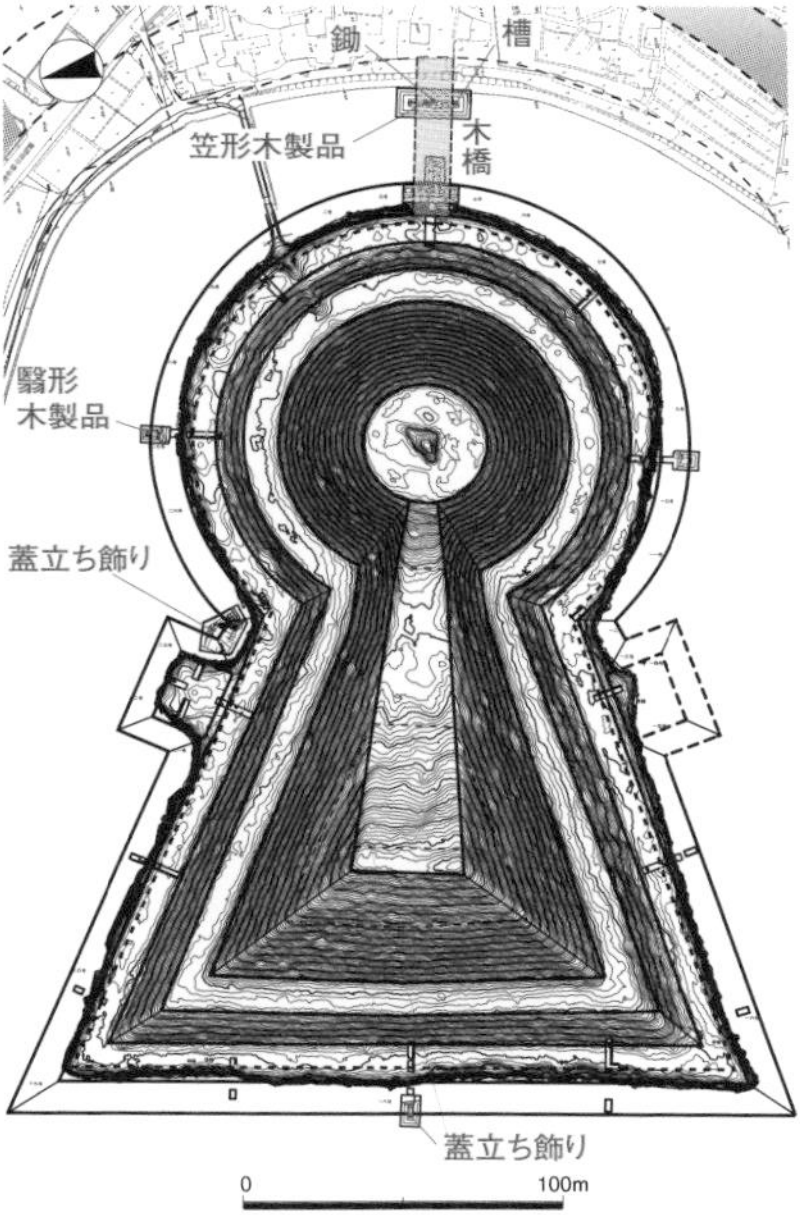

木の橋・木製品の出土位置

木の橋だけでなく、蓋の立ち飾りや翳形木製品などさまざまな木製品が出土したことから、木製品を使った祭祀が行われていたのかもしれない。
堺市文化財課 提供

木の橋の位置。周堤から墳丘に向かって古墳の中心線に乗るように橋が架けられていた。
堺市文化財課 提供

な水分のおかげで、それだけ木製品の残り具合がよかったということだが、ではなぜ、同じ木材でありながら橋材がたったの2個しか見つからなかったのだろうか。

「橋の上部の部材も含めて、橋材の発見があまりに少ないことは不自然でした。おそらくですが、葬送儀礼が終わると橋はすぐに撤去されたと思います。一連の儀礼が終わればすぐに撤去することが重要だったのではないでしょうか。儀礼の終了後は、すぐに外界から隔絶してしまう。ここに古墳で執り行われた葬送儀礼のあり方、古墳の持つ意味を探るヒントがあるように思います」と内本氏は推測する。

この時の調査で、ニサンザイ古墳の墳丘長が伸びて、新たに約300・3メートルに及ぶことがわかった。築造は5世紀第3四半期頃と考えられていて、前方後円墳が巨大化からコンパクト化になっていく時期の古墳といえる。しかし、この古墳が築造された時期においては最大規模だったはずで、百舌鳥古墳群では最後の天皇陵であった可能性が高い。

「これまで想定すらしていなかった木の橋の発見は、施設という意味でも儀礼という意味でも、大きく古墳のイメージを変えました。そもそも古墳の濠に架かる木の橋そのものが全国初の発見です。古墳の主軸線上に後円部から周堤にかけて、木の橋が架かっていたなどという発想はそれまで皆無でしたから、我々もそういう〝目〟で調査を行ってこなかった。もちろん今回見つかった柱穴が橋かどうかも含めて、今後は他の古墳でも〝何が見つかるかわからない〟という認識で調査に臨む必要があるでしょう」

ニサンザイ古墳は百舌鳥古墳群の中では新しい時代の築造で、後円部より前方部のほうが高くなっている。前方部が高い分、横から見ると、いっそう迫力を感じさせる姿となっている。美しいだけではなく、特に古墳時代の葬送儀礼を知るための、よすがともなる大発見があったニサンザイ古墳は、今後の発掘調査に多大な影響を与えたといえる。

最新発掘レポート

中尾山《なかおやま》古墳の墳形と石室が意味するものとは

取材・文／郡 麻江

明日香村教育委員会文化財課 主査
辰巳俊輔（たつみ・しゅんすけ）
平成元年（1989）、奈良県明日香村生まれ。関西大学大学院博士課程後期課程修了。博士（文学）。主な発掘調査の担当に中尾山古墳などがある。『日本考古学』第49号「八角墳造営年代論―墳丘表面の使用石材に着目して」、『明日香村文化財調査研究紀要』第20号「幕末・維新期における檜隈安古岡上陵の実像」などがある。

奈良県明日香村の小高い丘陵地の上に位置する中尾山古墳。江戸時代から「中尾塚」や「中尾石塚」と呼ばれて古墳の存在は知られていたが、昭和49年（1974）の調査ののち、長く調査は行われてこなかった。しかし、令和2年（2020）9月から改めて発掘調査が行われた結果、42代文武《もんむ》天皇の檜隈《ひのくまの》安《あ》古岡上陵《このおかのえのみささぎ》である可能性が高まったという。調査にあたった明日香村教育委員会文化財課の辰巳俊輔氏に取材をした。

壮麗な石室と墳丘構造に見る、最新かつ高度な土木技術

「石室が現れた時、その精緻な美しさに、心底驚きました」と辰巳氏は当時の感動を

振り返る。まるで現代建築を思わせるような、モダンで美しい石室が、目の前にその姿を現したのだ。中尾山古墳は古くから古墳として認識されており、文武天皇陵としての可能性が示唆されてきた。高松塚《たかまつづか》古墳が谷を挟んで南側の尾根の反対側にあり、中尾山古墳と高松塚古墳のどちらかが文武天皇陵ではないかという論争があったという。

「石室の壁、天井の石がツルツルに加工され、綺麗でびっくりしました。側壁は竜山石、床石は飛鳥石、天井は奈良県桜井市の石で、それぞれ表面が精巧に研磨され、築造に非常に手間がかかっていることが一目でわかりました」

令和2年の調査でまず、中尾山古墳の墳形は3段築成の八角墳であること、そして周囲をめぐる3重の外周石敷を有することがわかった。美麗な石室は10の切石で構成されており、天井石の一部に水銀朱が残っていることから、石室内部全面が真っ赤に塗られていたのではないかという。このように手の込んだつくりから、相当な地位の人物が被葬者であることは容易に想像できる。

また、墳丘の対辺長は約19・5メートル、外周石敷

中尾山古墳

細い丘陵の上に中尾山古墳（中央よりやや下の土の部分）が築造されているのがわかる。

明日香村教育委員会 提供

の対辺長は3重目で約32・5メートルを測定し、墳丘の1段目・2段目の表面は裾部分から花崗岩《かこうがん》の根石を並べて、その上に拳大から人の頭くらいの大きさの石を小口積《こぐちづみ》（石の切り口が見える積み方）にしていたことがわかった。

「墳丘は3段の基壇状の石積みになっていて、壁面が斜面構造ではなく、なんと垂直につくられたことがわかりました。これは非常に高度な土木技術を要することで、この古墳が当時の最新技術を駆使して築造されたことが実感できます」

1段目・2段目とは異なり、墳丘の3段目は石材を使わずに版築《はんちく》の盛土のみでつくられていた。版築とは何重にも土を突き固めていく技法で、1センチごとの層に積み重ねられており、堅牢な仕上がりだったと考えられる。

また、八角墳の角部が判明した箇所には現在、五角形の石材が埋め込まれている。現地に行くことがあれば、ぜひ確認してほしい。

檜隈《ひのくま》の地に眠るとされる4人の天皇。火葬墓に葬られた最後の天皇とは

「埋葬方法については、石室の床に正方形の彫り込みがあって、彫り込みのサイズから伸展葬（遺体の脚を曲げずに埋葬すること）は無理な大きさなので、おそらく台を据えて、その上に火葬骨を入れた壺が納められていたのではないかと考えられています」

墳丘全景
北東部より見た墳丘全景。墳丘は3段の基壇状の石積みで、壁面が斜面構造ではなく、垂直だったことがわかった。
明日香村教育委員会提供

この古墳の築造は8世紀初頭と考えられており、この時期の天皇陵は八角形と考えていいという。また、このあたりの地域は檜隈と呼ばれ、『日本書紀』などによると檜隈の地に葬られた天皇は29代欽明《きんめい》天皇、40代天武《てんむ》天皇、41代持統《じとう》天皇、42代文武《もんむ》天皇の4人しかおらず、しかもその中で火葬されたのは持統天皇と文武天皇だけという記述がある。

「持統天皇は土葬された天武天皇の陵に合葬するという記述が『続日本紀《しょくにほんぎ》』にありますので、残り1人は文武天皇ということになります。まず墳形が八角形であること、そして火葬墓であることが、中尾山古墳＝文武天皇陵説への大きな後押しとなりました。文武天皇の次の43代元明《げんめい》天皇は、墓をつくらずに自分を火葬した場所に石碑と常緑の木を植えるよういい残したとあるので、ここはまさに〝最後の天皇陵古墳〟といっていいでしょう」

埋葬施設奥壁
1面ごとにツルツルに加工された石室内部。石室内部全面が水銀朱で真っ赤に塗られていた可能性もあるという。
明日香村教育委員会 提供

埋葬施設入り口
埋葬施設入り口の石も精巧に研磨され、シャープなエッジが際立っている。
明日香村教育委員会 提供

この時期になると、すでに仏教が浸透しつつあり、権力の象徴は寺院建築や仏像の建立へと移っていったのだ。

互いに見守る王家の墓域からわかる ロイヤルファミリーの絆

「律令《りつりょう》国家は、法律によって国を統治するという意味がありますので、巨大古墳の築造や派手な副葬品などであからさまに地位を示す必要がなくなってくるんです。ただし、コンパクト化しているとはいえ、壮麗な石室など、この古墳の築造には相当、手をかけていますよね。しかもそれだけではなかったのです」

　辰巳氏が示す場所をよく見ると、ちょうど中尾山古墳に沿うように丘陵幅が広くなっているではないか。古墳を築造するために、横から土を盛り上げて丘陵自体の幅を広げているのだという。巨大古墳築造時代より格段に土木技術が向上しているといってもいいが、丘陵を拡張する大掛かりな工事をしてまで、なぜこの場所への築造にこだわったのか。

「文武天皇の宮の近くということもありますが、祖父母である天武・持統天皇の陵墓がすぐ近くの丘陵にあるので、自分の先祖を大切にする気持ちもあったのでしょう。さらにもう一点、あちらを見てください」と辰巳氏が指差す方向を見ると、遥か向こうに牽牛子塚古墳《けんごしづか》がある。この丘から一直線上に、文武天皇の曽祖母である37代斉明《さいめい》天皇陵といわれる古墳が見えるのだ。亡くなった後も一族の絆を重んじ、また互いに見守り合えるような場所に、文武天皇は自らの墓域を決めたのかもしれない。

「明日香では中尾山古墳をはじめ、尾根の頂上に古墳を築造するのは天皇陵だけです。高松塚古墳やキトラ古墳などは、尾根の斜面に隠すように築造されていますので、皇族同士でも一線を引く規範のような何かがあったのでしょう」

最新にして最終の天皇陵古墳といえる中尾山古墳。この古墳を含む檜隈の地はまさしく、エジプトのファラオの「王家の谷」ならぬ、ヤマトのロイヤルファミリーの「王家の丘」といえる。

許可が下りなかった天皇陵の学術調査に進展
調査が始められた仁徳天皇陵古墳の謎

宮内庁と堺市が共同で調査を行う

日本で最も大きな古墳は大阪府堺市にある仁徳天皇陵古墳で、5世紀中頃の築造とされる。史料によって呼び名が異なり、「大仙《だいせん》古墳」「大仙陵古墳」「大山古墳」とも呼ばれる。実際の被葬者はわかっていない。そのため、最近の教科書では「仁徳天皇陵」としない傾向にあるが、宮内庁は引き続き仁徳天皇陵としているので、勝手に立ち入ることができない。「静安《せいあん》と尊厳の保持が最も重要」という立場から、陵墓の学術調査にも消極的だった。しかし、平成30年（2018）10月に宮内庁と堺市が共同で発掘調査を行うことが発表され、考古学ファンを大いに驚かせた。

調査の結果、仁徳天皇陵古墳の第1堤から1列に並んだ円筒埴輪《えんとうはにわ》の破片が出土した。仁徳天皇陵古墳でこれだけ多くの円筒埴輪が確認されたのは初めてで、最大で3万個以上埋まっている可能性が示された。令和3年（2021）の第2回調査では、墳丘を囲む3重の濠の中で、最も内側の堤の外周部と内周部に円筒埴輪が2列並んでいることが確認された。

大正時代に行われた測量では、仁徳天皇陵古墳の墳丘長は約486メートルとされる。宮内庁が約100年ぶりに詳細な測量を行ったところ、全長が従来の約486メートルよりも約30メートル大きい約513・3メートルだった可能性があることが、令和5年（2023）6月に発表された。しかし、研究者の間では、水がたまっている周濠まで墳丘が続いていると考えられていたが、調査によってそれが裏付けられた。

ただし、この数字はあくまで推定の数字で、宮内庁による公式的な全長は約486メートルのままである。

仁徳天皇陵古墳の発掘調査は古墳保全を目的としたもので、墳丘内部の調査には至っていない。しかし、今までベールに包まれていた天皇陵の謎が、徐々に明らかになっている。

仁徳天皇陵古墳
日本最大の古墳である仁徳天皇陵古墳では、近年、調査が行われるようになった。

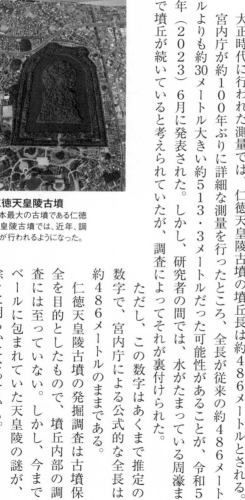

天皇陵級の貼石が出土
平野塚穴山古墳は斉明天皇の父の墓なのか

八角墳は道教や仏教の影響を受けて生まれたのか

6世紀前半までの天皇（大王）陵は、円丘から長方形の台が伸びる前方後円墳が主流だった。全長が500メートルを超える大規模なものも築かれたが、徐々に規模が縮小化していった。天皇の権威が高まり、巨大な古墳を築く必要性が薄れたのが縮小化の要因と考えられる。31代用明《ようめい》天皇から3代は方墳の天皇陵で、中大兄《なかのおおえ》皇子（38代天智《てんじ》天皇）の父・34代舒明《じょめい》天皇から八角墳が営まれた。

八角の形は、中国から入ってきた道教の思想がルーツだといわれる。「天下八方を支配する統治者」、すなわち全方位を治めるのにふさわしい者の象徴として、王墓に八角形が採用されたとみられる。一方で、八角墳のルーツが仏教にあったという説もある。仏教界では「八大菩薩」「八功徳《はっくどく》」など「八」がつく言葉が多いが、仏教の世界観、死

牽牛子塚古墳

奈良県明日香村にある牽牛子塚古墳は、7世紀中頃から8世紀にかけて築造された八角墳で、被葬者は37代斉明天皇が有力視されている。

後の世界の意識などが八角墳に反映されたとも考えられる。

八角の王墓として最初に築かれた舒明天皇陵の段《だん》ノ塚《つか》古墳（奈良県桜井市）は、台形状に広がる3段の方形の壇の上に八角形の墳丘（対辺間約42メートル）がのっている。内部の構造は不明だが、幕末に著された『山陵考《さんりょうこう》』には、石室の内部に2基の石棺があったと記されている。

奈良県明日香村にある牽牛子塚《けんごしづか》古墳は、平成21年（2009）から翌年にかけての発掘調査で、八角墳であることが判明している。研究者の間では、舒明天皇の后で2度も即位した37代斉明（35代皇極《こうぎょく》）天皇の陵ではないかといわれる。

令和4年（2022）に復元整備が完了し、往時の八角墳を見ることができる。

牽牛子塚古墳の西にある野口王墓は全長約58メートルの八角墳で、「檜隈大内陵《ひのくまのおおうちのみささぎ》」として40代天武天皇と持統天皇の陵に治定《じじょう》されている。『続日本紀《しょくにほんぎ》』には、崩御した持統天皇が飛鳥岡《あすかのおか》で火葬され、大内陵に「合葬」されたことが記されている。

飛鳥の天皇陵に似た構造を有した方墳

奈良県香芝市《かしば》にある平野塚穴山古墳は2段式の方墳だが、牽牛子塚古墳や野口王墓と同じ特徴が見られる。飛鳥の天皇陵によく似た構造をしていることから、被葬者が天皇の一族だったと推定される。

推定築造年代は7世紀後半で、下段の一辺の長さは約25～30メートル。上段は一辺約17・4メートルで、全体の高さは約5・4メートルである。昭和47年（1972）の調査では、漆で布を塗り固めた「夾紵棺《きょうちょかん》」、組みひもを塗り固めた「漆塗籠棺《うるしぬりかごかん》」などの最高級の棺の破片が出土した。

平成28年（2016）度から行われた発掘調査では、墳丘斜面の一部（2メートル四方）から一辺約15～30センチにカットされた貼石が約20点見つかった。白色の素地に黒い角礫《かくれき》が混ざった二上山《にじょうさん》産の凝灰岩《ぎょうかいがん》を用いており、墳丘上段の表面全体を覆っていた

平野塚穴山古墳
7世紀後半に築造された2段式の方墳で、平成28年(2016)から4年かけて調査が行われた。現在は、平野塚穴山古墳史跡公園として整備されている。

と考えられる。こうした特徴は牽牛子塚古墳と野口王墓に限られることから、斉明天皇の父、天武・持統天皇の祖父にあたる茅《ち》渟王《ぬのおおきみ》が被葬者だった可能性が高い。

茅渟王は押坂彦人大兄《おしさかのひこひとのおおえ》皇子の子で、30代敏達《びだつ》天皇の孫、舒明天皇の異母兄にあたる。系譜記事に名前が出てくるのみで、具体的な事績は不明である。9世紀に編纂された古代氏族名鑑である『新撰姓氏録《しんせんしょうじろく》』に出てくる百済王（百済親王）を同一人とする説もあるが、確かではない。

発掘調査では、石室の石材を設ける際にてこ棒をかませたと考えられる「てこ穴」が確認されている。こうした、てこ穴は明日香村の高松塚古墳やキトラ古墳にもあり、同一の石工集団によってつくられたとみられる。

天武《てんむ》天皇の2人の皇子の墓の可能性
高松塚《たかまつづか》古墳とキトラ古墳の被葬者は誰か

古代の極彩色を残した壁画が発見される

高松塚古墳は直径約23メートル、高さ約5メートルの円墳で、昭和47年（１９７２）、鮮やかに彩色された壁画が発見された。極彩色壁画の出現は考古学界史上でも稀にみる大発見として報じられ、昭和49年（１９７４）に国宝指定された。

高松塚古墳の石室には、方角を司る霊獣「四神《しじん》」が描かれている。東壁と西壁には、４人一組の男性・女性の群像がそれぞれ描かれている。特に西壁の女性群像は色彩が鮮やかなことから、「飛鳥美人」と形容されている。キトラ古墳は２段築成の円墳で、四神や十二支などの壁画が確認されている。天井には中国式の円形星図が描かれており、北斗七星など28の星座が配されている。

古墳の築造年代は、どちらも古墳時代の終末期（7世紀末～8世紀初頭）と推測され

高松塚古墳
7世紀末から8世紀初頭にかけて築造された円墳で、直径約23m、高さ約5mの2段式になっている。

キトラ古墳
高松塚古墳と同時期の7世紀末から8世紀初頭にかけて築造された2段式の円墳で、直径約14m、高さ約4m。

る。四神の造形から先にキトラ古墳が築かれたとみられ、高松塚古墳は副葬品である海獣葡萄鏡《かいじゅうぶどうきょう》の鑑定結果から、藤原京期（694～710年）の築造と考えられる。

2つの古墳の被葬者については諸説あり、特定には至っていない。しかし、石室の内部に壁画が描かれていることから、皇族や位の高い人物が埋葬されたとみられる。

高松塚古墳は天武・持統天皇の墓域にあり、近くには天武・持統天皇陵の野口王墓や文武天皇陵という説が有力な中尾山古墳がある。そのため、40代天武天皇の皇子を被葬者とする向きがある。

また、高句麗《こうくり》古墳群との関連性から、朝鮮半島系の王族説を唱える研究者もいる。高松塚古墳やキトラ古墳の壁画が高句麗古墳群の墓室内壁画と類似性があるのが、説の根拠となっている。だが近年の研究では、朝鮮半島よりも中国の影響のほうが大きかったといわれる。その

高松塚古墳の飛鳥美人
西壁に描かれた女性群像で、平安時代に編纂された『貞観儀式』に記された男女が持つ道具と一致することから、宮中の近侍や女官と推測される。
PPS通信社 提供

ため、この説も現在は否定的にみられている。

　他にも、もともとは大友《おおとも》皇子の側近で、左大臣まで昇進した石上麻呂《いそのかみのまろ》を被葬者に推す声もある。ただし、彼の没年（717年）が推定築造年代と合わないので、天武天皇の皇子の墓である可能性が高い。

壁画古墳の被葬者として有力視される高市《たけち》皇子

　高松塚古墳の推定築造年代に亡くなったのは、高市皇子、忍壁《おさかべ》皇子、弓削《ゆげ》皇子の3人。出土した被葬者の歯やあごの骨の状態から、40代から60代で亡くなった人物と推定される。弓削皇子は20代で亡くなったとされるので、高市皇子と忍壁皇子が候補となる。推定築造年代の前後を見ると、草壁《くさかべ》皇子（689年没）や穂積《ほづみ》皇子（715年没）も入ってくる。

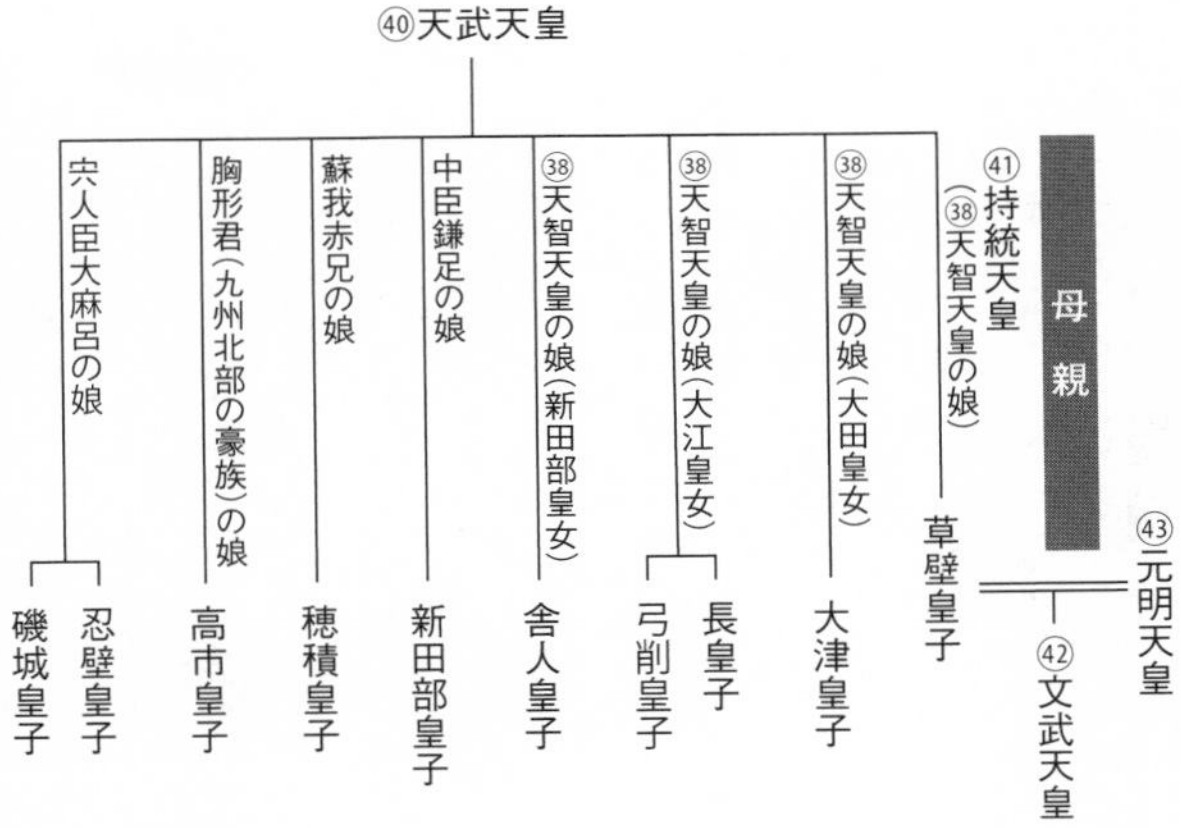

天武天皇の皇子一覧

40代天武天皇は、兄である38代天智天皇の娘や有力豪族の娘と多くの子を残した。

高市皇子は天武天皇の長男だが、皇女を母にもつ草壁皇子や大津《おおつ》皇子よりも下位に位置づけられていた。それでも壬申《じんしん》の乱（672年）で武功を挙げるなど、天武政権の中枢として活躍した。天武天皇の崩御後、大津皇子は謀反《むほん》の罪で死刑になった。草壁皇子も皇位に就く前に没したので、候補から外れる可能性が高いと思われる。一方、高市皇子は太政《だいじょう》大臣に任じられ、持統天皇の時代の696年に亡くなるまで持統天皇政権を牽引《けんいん》した。

忍壁皇子は天武天皇の時代の681年、川島皇子らと共に「帝紀《ていき》および上古《じょうこ》諸事」の記録事業を命じられた。『日本書紀』の編纂《へんさん》の第一歩で、高市皇子の没後は皇族の代表的存在となった。大宝律令の編纂にも携わったが、この時重用したのが、藤原氏が隆盛する礎《いしずえ》を築いた藤原不比等《ふひと》だった。高市皇子も忍壁皇子も、共に皇族の代表としてさまざまな功績を挙げた人物である。そのため、石室内に色彩豊かな壁画が描かれていたとしても不思議ではない。

キトラ古墳の被葬者も、築造年代から天武天皇の皇子が候補に挙がっている。一方で、キトラ古墳周辺一帯の「阿部山」という地名から、右大臣の阿倍御主人《みうし》を被葬者とする説もある。さらに、キトラ古墳の石室に描かれた天文図が朝鮮半島や中国の星空だったという説があることから、渡来系氏族の東漢氏《やまとのあや》、百済王昌成《くだらのこにきしのしょうせい》なども候補に挙げられる。

被葬者に関する研究も進められており、骨考古学の第一人者である片山一道《かずみち》氏（京都大学名誉教授）の分析では、「40～60歳で死亡、大柄かつ骨太で頑丈な男性」という鑑定結果が出ている。可能性を照らし合わせると、武人としても活躍した高市皇子の可能性が最も高いことになる。つまり、高松塚古墳もキトラ古墳も共に天武天皇の皇子の墓であり、両古墳に共通する特徴があるのは、被葬者が兄弟だったからとも考えられるのだ。

大化2年（646）に薄葬令《はくそう》が出され、天皇でも大型の古墳は築かれなくなった。その中で、石室の内部に極彩色で描かれた壁画は、他とは一線を画した神秘性を備えていたものといえる。

第4章

検証 有力豪族の巨大古墳の正体

最新発掘レポート

都塚《みやこづか》古墳の被葬者と蘇我《そが》氏との関係性

取材・文／郡 麻江

明日香村教育委員会文化財課 主査
辰巳 俊輔
（たつみ・しゅんすけ）
平成元年（1989）、奈良県明日香村生まれ。関西大学大学院博士課程後期課程修了。博士（文学）。主な発掘調査の担当に中尾山古墳などがある。『日本考古学』第49号「八角墳造営年代論一墳丘表面の使用石材に着目して」、『明日香村文化財調査研究紀要』第20号「幕末・維新期における檜隈安古岡上陵の実像」などがある。

奈良県明日香村の石舞台《いしぶたい》古墳から南へ400メートルほどの場所にある都塚古墳。美しい棚田の中に築造された古墳は、別名「金鳥塚《きんちょうづか》」と呼ばれており、毎年の元旦に金鶏《きんけい》が鳴くという伝説がある。第3章でも登場した明日香村教育委員会文化財課の辰巳俊輔氏と共に古墳を訪ねてみた。

飛鳥一帯を見渡す一辺約40メートルもの大型方墳の存在感

美しい棚田の中に取り残されたようにある都塚古墳には、多くの謎がある。

「今は小さいですが、平成26年（2014）に墳丘全体の調査が行われ、一辺約40メートルもある巨大な方墳であることがわかりました」

一見、小さな古墳が、周辺一帯に広がる大型の古墳だったのである。築造時期は6世紀後半。石室は南西に開口し、巨石を積んだ10メートル近い長さの羨道《せんどう》（棺が納められる玄室《げんしつ》と外部とを結ぶ通路）が剝き出しになっている。その奥にある両袖式横穴式石室（玄室と羨道との接続部である袖部が左右に広がっている石室）は長さ約5・3メートル、幅約2・8メートル、高さ約3・55メートルの広さを持ち、飛鳥石の巨石をふんだんに用いた豪壮なつくりだ。

階段状石積（南東より）
墳丘の調査では6段以上の石積みの階段状石積が見つかった。墳丘の角に合わせて美しいピラミッド状の構造が見て取れる。
明日香村教育委員会 提供

さらにこの時の墳丘調査で、6段以上の階段状石積となっているピラミッド状構造を持つことが判明した。国内では例を見ない墳丘のつくりは、さらなる謎となっている。

石室中央には二上山《にじょうさん》産で加工しやすい白色凝灰《ぎょうかい》岩《がん》を用いた、大型の刳抜《くりぬき》式家形石棺が鎮座している。長さ約2・23メートル、幅約1・46メートル、高さ約1・08メートルという巨大な石棺には6個の縄掛け突起がついている。石棺の裏側に回ると蓋《ふた》や石棺の角にあたる部分が直角に削られ、加工が非常に緻密だ。古代の工人の力強い鑿《のみ》跡が残されていることにも感動を覚える。石棺の裏側は風雨から逃れたため、当時の姿をとどめているそうで、石表面の少し青ざめた白さが美しい。蓋《ふた》石の一部に朱の痕跡があり、石棺内部は朱で真っ赤に塗られていた可能性があるそうで、凝灰岩の白さと真っ赤な内部のコントラストが鮮やかな石棺だったと考えられる。

この石室を見ていると、同じ明日香村にある石舞台古墳が想起される。

「よく似ているでしょう？ 都塚古墳について被葬者も含めて考察する際、石舞台古墳との関係を外すことはできません。石舞台古墳は築造時期や、近くに蘇我馬子《うまこ》の邸宅とされる島庄《しまのしょう》遺跡があることから、馬子の墓ではないかという説が有力ですが、都塚古墳の被葬者と馬子との関係も非常に興味深いものがあるのです」

石舞台古墳との共通点が示唆する被葬者同士の深いつながり

石舞台古墳は7世紀前半に築造された方墳で、墳丘は失われているが、飛鳥石の巨石を積み上げた巨大な両袖式横穴式石室は日本最大級の大きさを誇る。墳丘の裾と周堤（古墳の周囲の土手状の部分）の一部に貼石をした箇所が残っていたことから、墳丘一

石舞台古墳石室
蘇我馬子の墓とされる石舞台古墳。巨石を積み上げた様子がよくわかる。
明日香村教育委員会 提供

都塚古墳石室
飛鳥石の巨石を用いた迫力ある石室。中央には二上山の白色凝灰岩の非常に大型の刳抜式家形石棺がある。
明日香村教育委員会 提供

辺約50メートルの巨大方墳ということがわかった。周囲に広大な濠をめぐらせた、その壮大なスケールを実感できる。

「馬子は当時、都塚古墳の存在を知っていたはずです。墳形や飛鳥石の巨石を積み上げた石室構造、横穴式石室が同じ南西方向に開口していること、また石舞台古墳の石室からも都塚古墳と同じ二上山の凝灰岩製の家形石棺のものと思われる破片が出土していることなど、都塚古墳と石舞台古墳の共通項は多く、都塚古墳をかなり意識して、石舞台古墳が築造されたことがわかります。ただ、不思議なのは、その位置関係なのです。石舞台古墳は都塚古墳より低い土地にあって、都塚古墳を見上げるような場所に築造されています。蘇我氏第一の人物であった馬子が自分の墓をつくるのであれば、本来なら都塚古墳を見下ろす場所に自分の墓を築造してもおかしくないのですが…」と辰巳氏は首をかしげる。

実は石舞台古墳の周堤の下には壊された古墳が7基ほどあるという。この地には古くから群集墳があり、それらの古墳を壊して石舞台古墳が築造されたのだ。それを思えば、馬子ほどの人物ならば都塚古墳を壊すことも可能だっただろう。

「馬子にとって敵対するような相手ではなかったのでしょう。都塚古墳の被葬者への遠慮というか気遣いを感じますし、むしろ大切に思っていた相手なのかもしれません。築造時期が30～40年の差しかありませんので、馬子の父の蘇我稲目《いなめ》の墓ではないかという説もありますが、いずれにせよ血縁的にかなりかかわりの深い、蘇我一族の人物であることは間違いないと思います」

飛鳥文化が花開く時を被葬者は目にしたのか

都塚古墳がある一帯は坂田と呼ばれ、仏教伝来より前から仏教を信仰していた古代の渡来人・司馬達等《しばたっと》の草堂《そうどう》（居宅）があり、司馬一族の本拠地だったとされている。司馬達等は、有名な仏師・鞍作止利《くらつくりのとり》の祖父にあたる人物だ。

「少し北の谷には細川谷古墳群という群集墳があるのですが、これは帰化系の渡来人、東漢《やまとのあや》氏の墓域と考えられています。蘇我氏も渡来系に由来する豪族ですし、この地域は渡来系の人々が多く暮らす、国際色豊かな土地柄だったのでしょう。都塚古墳は、飛鳥文化が始まる直前につくられた古墳ですが、仏教伝来という大きな転換期に、最も中心的な場所に埋葬された人物の墓であることは間違いないと思います」

都塚古墳から飛鳥盆地方面の空撮
高台にある都塚古墳から緑豊かな飛鳥盆地一帯。右奥に石舞台古墳が見えるが、都塚古墳のほうが高い位置にあることがわかる。
明日香村教育委員会 提供

実は都塚古墳の南西、日本の棚田百選に選ばれた「稲渕《いなぶち》の棚田」の近くに、7世紀前半に築造された塚本古墳がある。こちらも一辺約39メートルの大型方墳で現在、石室だけが残っている。大型の方墳ということだけでなく、石室からやはり二上山付近の凝灰岩の家形石棺の石材が発見されていて、都塚・石舞台両古墳との共通項が確かにある。

6世紀後半から7世紀前半にかけて築造された都塚古墳、石舞台古墳、塚本古墳という3基の大型方墳は、それぞれが渡来系の技術や情報をいち早く取り入れた、力ある被葬者を連想させる。

飛鳥地方にある最大級の方墳

蘇我氏と小山田《こやまだ》古墳

東西辺が80メートル超の飛鳥時代最大級の方墳

飛鳥地方にある最大級の方墳として新たに注目されているのが、7世紀中頃に築造された小山田古墳だ。明治時代はただの畑だったが、昭和47年（1972）から「小山田遺跡」の名で発掘調査を開始。藤原京時代の木簡《もっかん》が出土した以外は目立った発見がなかったが、平成27年（2015）、貼石・敷石と板石積みをともなう大規模な掘割遺構が発見されたことが報じられた。

検出された掘割は調査した範囲で長さ約48メートルに及び、底面の敷石と北側の貼石には石英《せきえい》（二酸化ケイ素が結晶してできた鉱物）を多く含む閃緑岩《せんりょくがん》が用いられている。掘割の南側では下の2段に結晶片岩《へんがん》（緑泥《りょくでい》片岩）の板石、その上には室生《むろう》安山岩《あんざんがん》の板石が積まれていた。

調査を担当した橿原考古学研究所は、この地に、板石積みを墳丘の下段北辺の裾とする方墳があったと想定している。その後の発掘調査で横穴式石室跡が検出され、古墳であることが確定。遺跡の名称が「小山田古墳」となり、石室羨道《せんどう》（棺を納める玄室と外部とを結ぶ通路）も確認された。

そして平成31年（2019）1月、小山田古墳が飛鳥時代最大級の方墳である可能性が高いことが、橿原考古学研究所によって発表された。今までの調査では一辺が70メートル程度と想定されていたが、調査によって、南側の東西辺が80メートルを超えることがわかった。調査では約50度の傾斜がついた斜面が初めて確認され、西側斜面も北側と同じ石材で覆われていたことが判明した。

小山田古墳

奈良県明日香村にある小山田古墳で見つかった墳丘西辺の裾部分と盛り土。東西辺の長さは80m以上と推定され、飛鳥最大級の方墳である可能性が高い。

共同通信社 提供

飛鳥時代で最大とされる方墳は千葉県栄町の龍角寺

岩屋古墳（一辺約78メートル）だが、それを上回ることが確実となった。また、奈良芸術短期大学の前園実知雄教授は発掘調査の結果を踏まえ、「墳丘基底部は1辺約89メートルに及ぶ巨大なものだった」という説を展開している。

小山田古墳は舒明天皇の初葬陵だったのか

気になるのが小山田古墳の被葬者だが、当時の実力者である蘇我馬子の墓とされる石舞台古墳の一辺の長さが推定約51メートルなので、相当な権力者が葬られた可能性が高い。推定築造年代から考えられるのが、629年に即位して641年に崩御した34代舒《じょ》明《めい》天皇である。

『日本書紀』によると、亡くなった舒明天皇は642年に「滑谷岡《なめはざまのおか》」へ葬られ、翌年には「押坂陵《おしさかのみささぎ》」に改葬されている。この押坂陵が段ノ塚古墳（押坂内陵《おしさかのうちのみささぎ》）であり、墳丘に小山田古墳と同じ室生安山岩の板石が積まれている。そのため、小山田古墳は舒明天皇の初葬陵である「滑谷岡」ではないかといわれる。

舒明天皇の治世下では最初の遣唐使派遣が行われ、百済大寺《くだらのおおでら》の築造を発願《ほつがん》している。日本で最初に天皇が建立した寺院で、高さ約100メートルとも伝えられる九重塔があったとみられる。政治の実権は蘇我蝦夷《えみし》が握っていたともいわれるが、小山田古墳が舒明天

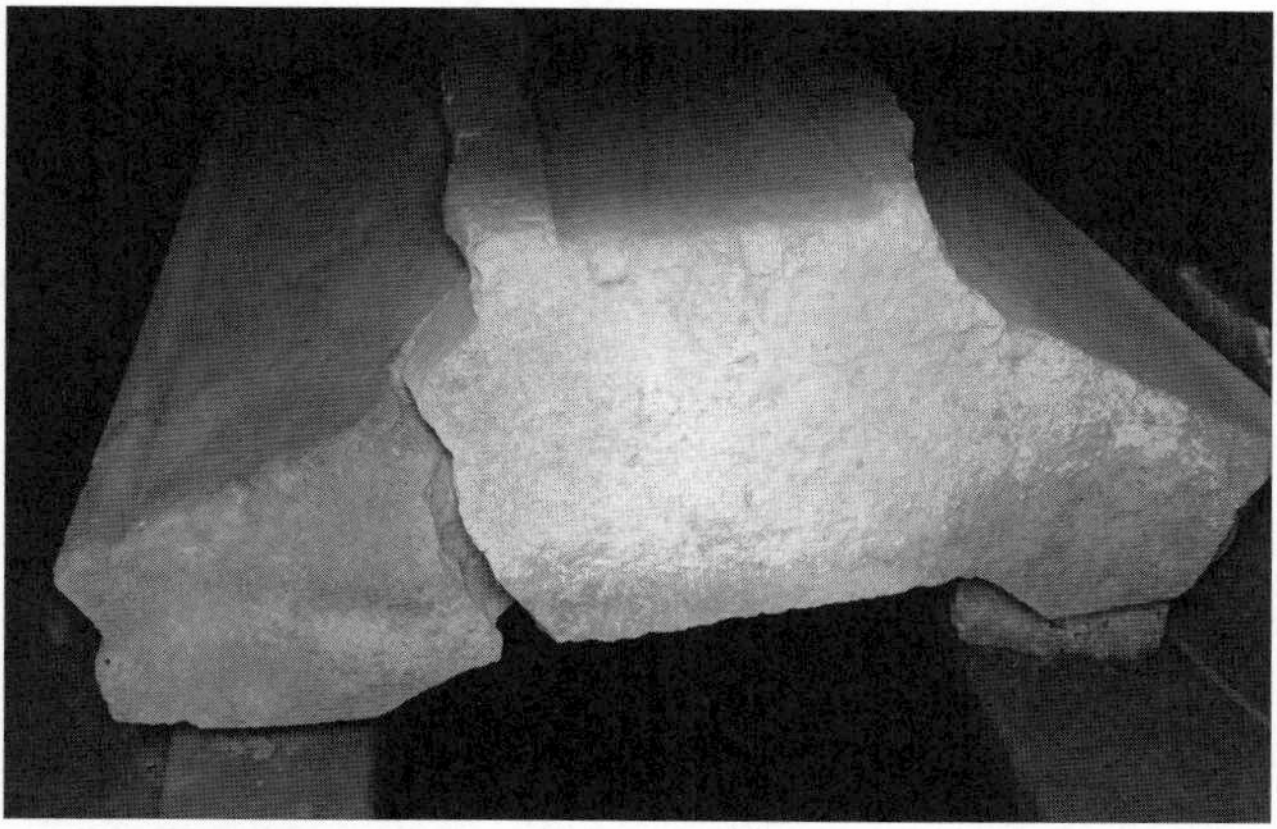

菖蒲池古墳の家形石棺
菖蒲池古墳にはほぼ同じ形状の石棺が2つ置かれており、
蘇我蝦夷と入鹿が合葬された可能性が指摘されている。

皇の初葬陵だったとすると、蘇我氏に引けを取らない人物だったと考えられる。

ただし、小山田古墳の掘割は、7世紀後半にはすでに埋没したとされている。墳丘の切り崩しと連動していた可能性が高いが、そうなると、なぜ大量の労働力を投入して築いた古墳を短期間で破壊したのかという疑問が湧いてくる。

大規模な建造物を破壊するのは、それが叛逆者と関係が深いことが多い。安土桃山時代には絢爛豪華な聚楽第《じゅらくだい》が完成からわずか9年で取り壊されたが、それは謀反の罪で自害させられた関白・豊臣秀《ひで》次《つぐ》の居城だったからだ。秀次を謀反人として印象づけるため、豊臣秀吉の命令で破却された。

小山田古墳と菖蒲池古墳は同時期に計画的につくられたのか

こうした点から、小山田古墳の被葬者を乙巳《いっし》の変で亡くなった蘇我蝦夷とする説もある。小山田古墳が蘇我氏の専横を象徴する建造物だったとすれば、築造後まもなく破壊されたのも容易に想像がつく。

小山田古墳が蘇我氏の本拠である甘樫丘《あまかしのおか》の最南端にあるのも、蝦夷説の後押し材料になっている。小山田古墳のすぐ近くには菖蒲池《しょうぶいけ》古墳があるが、こちらも築造から間もない7世紀末にはすでに壊されている。そのため、蝦夷の子・入鹿《いるか》を被葬者とする説もある。

『日本書紀』には、蝦夷・入鹿父子が国中の民を動員して自分たちの墓を築かせたという記述がある。蝦夷の墓を「大陵《おおみささぎ》」、入鹿の墓を「小陵《こみささぎ》」を呼ばせたが、この記述を照らし合わせれば、小山田古墳が大陵、菖蒲池古墳が小陵ということになる。一方で、菖蒲池古墳にはほぼ同じ形状の石棺が2つ置かれていたので、蝦夷と入鹿が一緒に埋葬された可能性もある。

さらに注目されるのが、2つの古墳の規模と位置に関係性がみられる点である。2つの古墳は平行に築造されており、菖蒲池古墳は小山田古墳のちょうど4分の1のサイズ

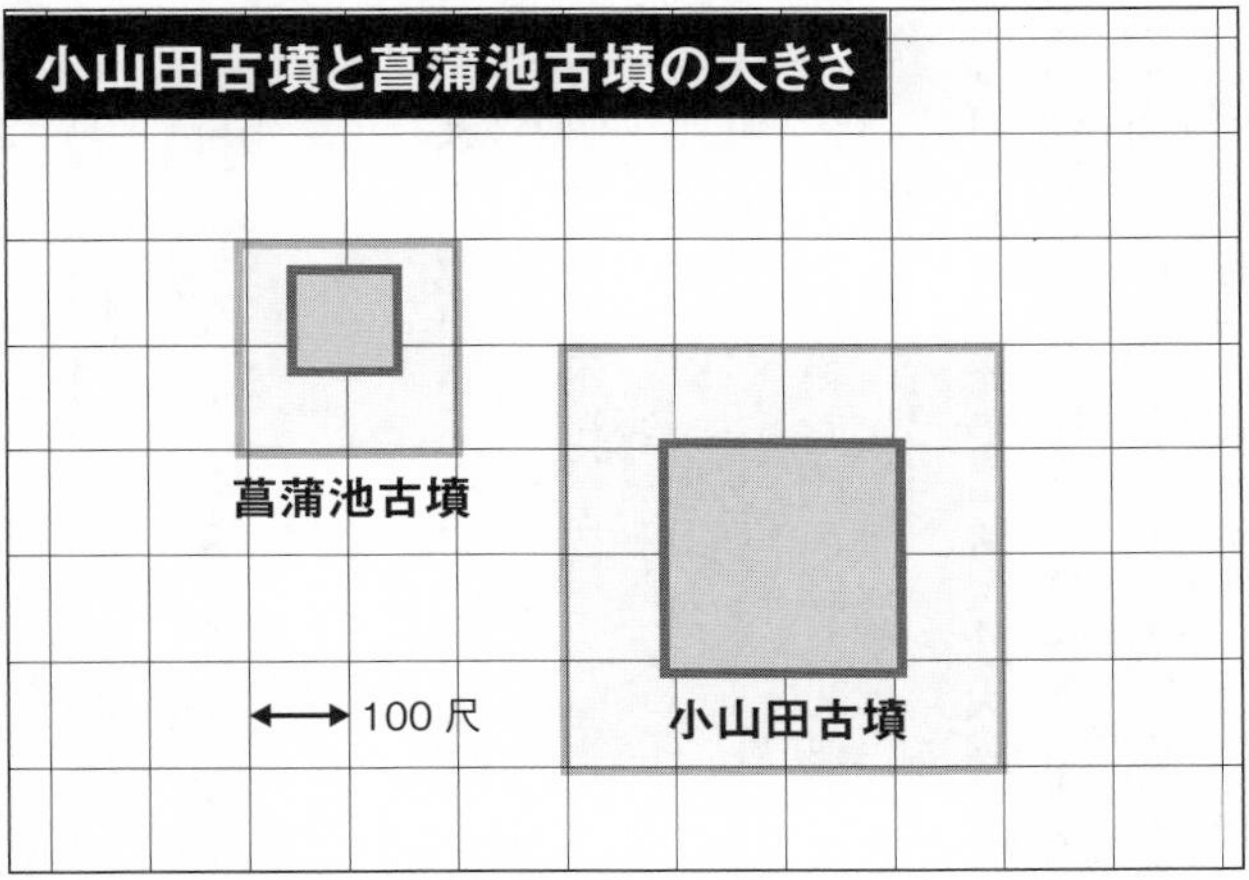

小山田古墳と菖蒲池古墳の位置関係
2つの古墳は平行に位置し、100尺（高麗尺）の方眼にほぼ重なる。

となっている。当時の長さの単位である高麗尺《こまじゃく》（1尺＝約35・6センチ）を基準に、2つの古墳の地図上に一辺100尺の方眼を広げると、2つの古墳はこの方眼にほぼ重なる。こうしたことから、2つの古墳の築造は、同時期に計画的に進められた可能性が高い。

蘇我馬子の墓と考えられる石舞台古墳が方墳であるように、蘇我氏の墓は方墳が採用されている。蘇我氏は渡来人とのつながりが深かったが、中国や朝鮮半島には巨大な方墳が多く見られる。このことから、当時の東アジアの国際標準に合わせ、巨大な方墳を築かせたのかもしれない。

木材を経済基盤にした古代豪族

和邇《わに》氏と東大寺山古墳

名族・葛城《かつらぎ》氏とはライバル関係にあった

5世紀から6世紀にかけて、奈良盆地東北部の広範囲を支配した和邇氏。「和珥《わに》」「丸《わ》邇《に》」「丸《わに》」とも書き、氏名は支配地域である大和国添上《そえかみ》郡和邇（奈良県天理市和爾町・櫟本《いちのもと》町）の地名に由来する。古代日本語では、「ワニ」は鮫や鱶《ふか》を意味するといわれる。そのため、和邇氏が海と関連が深かったという説がある。また、琵琶湖付近にも「和邇」という地名があるので、和邇氏のルーツを近江に求める向きもある。『播磨国《はりまのくに》風《ふ》土《ど》記《き》』や『新撰《しんせん》姓《しょう》氏《じ》録《ろく》』の記述から、和邇氏はヤマト王権の外征に参軍して功を挙げたとされる。葛城氏とはライバル関係にあり、共に多くの天皇（大王）に后妃を出している。葛城氏の没落後も天皇の后妃を輩出し、15代応神《おうじん》天皇の妃となった宮《みや》主宅媛《ぬしやかひめ》（和邇日《ひ》触《ふれ》使主《のおみ》の娘）は、16代仁徳《にんとく》天皇の異母弟・菟道稚郎子《うじのわきいらつこ》を生んでいる。

和爾下神社
奈良県天理市にある神社で、5世紀初頭につくられた前方後円墳の後円部にある。周辺には東大寺山古墳や赤土山古墳がある。

21代雄略《ゆうりゃく》天皇の時代からは「和邇春日氏」とも称するようになったが、これは本拠地が和邇から春日（奈良市東部域）に移ったからとみられる。和邇春日氏は春日氏に改称し、小野妹子を輩出した小野氏、粟田《あわた》氏、大宅《おおやけ》氏、柿本《かきのもと》氏などに枝分かれしていった。

和邇氏の勢力拡大の源になった木材生産

和邇氏の本拠があったとされる地域には、さまざまな古墳や遺跡がある。有名なのが東大寺山古墳（奈良県天理市櫟本町）という前方後円墳で、全長約１４０メートルの規模を誇り、４世紀後半の築造とされる。

昭和36年（１９６１）から発掘調査が行われ、粘土槨《ねんどかく》埋葬施設から多くの刀剣類や石製品が発見された。刀の中には、中国後漢時代の年号である「中平《ちゅうへい》」（184〜189年）の文字が刻まれた中平銘鉄刀もあり、他の副葬品と共に国宝に指定されている。紀年銘を持つ日本最古の鉄剣である。全長約110センチの刀身の棟の部分に金象嵌《きんぞうがん》で24文字の吉祥句《きっしょうく》が記されており、2世紀末の中国で製作されたとみられる。

2世紀末というと、邪馬台国《やまたいこく》の女王・卑弥呼《ひみこ》が立てられる前であり、倭国内で大きな戦乱（倭国大乱）があった時期である。このような時期につくられた鉄剣がなぜ4世紀後半に築造された東大寺山古墳から発見されたのか、大きな謎となっている。

鉄剣が出土した粘土槨埋葬施設からは、この他にも腕輪形石製品が多く出土し、このうち高い地位の被葬者を象徴する鍬《くわ》形石が26点も出土した例は他にない。いずれにしても、東大寺山古墳の被葬者は、初期ヤマト王権における重要ポストに就いていた人物であることは間違いない。

他にも、和邇氏の本拠があったとされる地域には、赤土山《あかつちやま》古墳や和爾下《わにした》神社古墳などの前方後円墳、鍛冶《かじ》や窯業《ようぎょう》を営んだとされる東紀寺《ひがしきでら》遺跡などがある。また、和邇遺跡群という巨大な集落跡からは、首長の居館とみられる大型建物跡が検出されている。こうしたことから、和邇氏がヤマト王権における高い地位と経済力を有していたことがうかがえる。

和邇氏のライバルとされる葛城氏は渡来人を本拠に住まわせ、武器や武具などの金属生産を行わせて勢力を拡げた。一方、和邇氏の権力基盤については、現在も不明な点が多い。

そんな中で、橿原考古学研究所の青柳泰介氏は、和邇氏の経済基盤が木材生産にあるという新説を出している。奈良市東部の山間地域にある田原《たわら》盆地で4年間にわたって木片を採取し、木材を加工した際の木くずが矢田原遺跡や日笠フシンダ遺跡で発見された。これを分析し、矢田原遺跡は「製材所」、日笠フシンダ遺跡は製材された原材の「集積所」だったと結論づけられた。木材は建築資材としてはもちろんのこと、農耕用具などあらゆるものに用いられた。また製鉄には大量の木材が必要とされた。和邇氏が木材生産に権益を持った氏族だったとすれば、大きな経済力とヤマト王権に対する強い影響力を持ったこともうなずける。

金象嵌銘花形飾環頭大刀

東大寺山古墳で出土した4世紀後半に製造された大刀。刀身は中国でつくられた鉄製、環頭は日本でつくられた青銅製になっている。
TNM Image Archives 提供

大王墓に次ぐ規模を誇る巨大古墳群
物部《もののべ》氏と杣之内《そまのうち》古墳群

軍事部門を担った名門氏族の拠点集落

奈良県天理市には、東西約2キロ、南北約1・5キロにわたって広がる布留《ふる》遺跡がある。縄文時代から近世までの遺構を有する複合遺跡で、古墳時代は物部氏の拠点集落の1つだった。

物部氏はヤマト王権で重きをなした氏族で、本拠地は大和国山辺郡、河内国渋川郡とされる。ヤマト王権において権勢を誇った豪族といえば蘇我氏が有名だが、この蘇我氏が台頭する以前に初期ヤマト王権を牽引《けんいん》したのが物部氏だ。物部氏は、31代用明《ようめい》天皇の時代に起きた丁未《ていび》の乱（587年）で蘇我氏によって物部守屋《もりや》一族が滅ぼされたことで衰退することになる。

物部氏は大伴《おおとも》氏と共に軍事面で活躍し、鉄器や兵器の製造・管理を管掌していた。物部の「モノ」は武士《もののふ》や兵《つわもの》に由来する説、精霊などの「魂《もの》」が由来という説がある。「部《べ》」は被支配集団という意味で使われていた和語の「トモ」を、漢語に当てたものといわれる。物部氏は7世紀になると、石上《いそのかみ》氏を名乗ることになる。

物部氏は祭祀にも携わっていたとされ、布留遺跡の東縁にある石上神宮の神宝を管理していた。また、百済とのかかわりも深く、石上《いそのかみ》神宮には百済から贈られた「七支刀《しちしとう》」が所蔵されている。石上神宮は日本最古の神社の1つで、古くからヤマト王権の武器収蔵庫としての役割を担ってきた。

布留遺跡では、物部氏とのかかわりを示す遺物が多く出土している。布留川の北の遺構からは、大量のガ

西山古墳

日本最大の前方後方墳で全長は約183m。被葬者は物部氏の一族といわれ、蘇我氏に滅ぼされる前の権勢がうかがえる。

国土地理院 提供

ラス製品と玉類が出土している。この発見は、遺跡内に大規模な工房があったことをうかがわせる。他にも、刀剣や柄《つか》や鞘《さや》などの木製品や鉄製品をつくった鍛冶工房、鉄製品の製作過程で出た残滓《ざんし》などが見つかっている。これらの発見は、物部氏が先進性と軍事的性格を有していたことを示している。

また、当時の有力豪族は己の権威を見せつけるための装飾用大刀を製造したが、柄頭《つかがしら》が握り拳状の形になった頭椎大刀《かぶつちのたち》が布留遺跡で発見されている。物部氏の拠点で見つかったということは、物部氏が頭椎大刀の製造にかかわっていた可能性を示している。物部氏の没落後も頭椎大刀はつくられたが、飾り金具の一部が双龍環頭《そうりゅうかんとう》大刀と共通化するようになる。物部氏の工房が蘇我氏に接収され、このような融合が生じたのかもしれない。

大王墓に次ぐ規模の前方後円墳が築かれる

布留遺跡の南には、大小さまざまな古墳が点在する杣之内古墳群がある。布留川の南に位置し、東から延びた丘陵を利用して古墳が築かれた。被葬者は物部氏の一族とされ、日本最大の前方後方墳（全長約183メートル）である西山古墳、全長約75メートルの前方後円墳である東乗鞍《ひがしのりくら》古墳などがある。

物部氏の力がよくわかるのが、5世紀後半に築造された西乗鞍古墳で、全長は約11

８メートルある。西乗鞍古墳では、墳丘の西側で周濠と外堤《がいてい》が発見されていたが、平成26年（２０１４）には、北側と南側でも周濠と外堤が確認された。こうしたことから周濠と外堤が墳丘全体を囲んでいる可能性が高いことがわかった。西乗鞍古墳は平成30年（２０１８）に国の史跡に指定された。

石上神宮
布留遺跡の東縁にある石上神宮は、空白の4世紀の一部を伝える七支刀が所蔵されている他、境内の禁足地からは鉄剣や勾玉が出土した。

さらにこの西乗鞍古墳よりも大きい古墳の存在も指摘されている。それが焼戸山《やけどやま》古墳である。現在は水田地帯の中にあるやや高い楕円形の墳丘跡を残すのみとなった前方後円墳である。天理大学の小田木治太郎《はるたろう》教授は、昭和21年（１９４６）に撮影された航空写真から地形の痕跡を分析し、全長約１５０メートルの前方後円墳だったと推定した。

これらの古墳の被葬者は物部氏の首長クラスと推定される。当時において大王墓に次ぐ規模と構造を備えており、物部氏がヤマト王権における最重要氏族だったことがわかる。

大和高原に築造された3基の古墳

闘《つ》鶏《げ》氏と三陵《さんりょう》墓《ぼ》古墳群

奈良市東部の高原地帯に位置する旧都祁《つげ》村には、「闘鶏」と呼ばれる王国があったといわれる。同地を統治した闘鶏氏は多《おお》氏の支流で、『日本書紀』では「闘鶏国造《つげのくにのみやつこ》」と称される。

闘鶏国の首長墓とされる三陵墓古墳群

謎が多い闘鶏国の首長墓ではないかといわれるのが、奈良市都祁南之庄町にある三陵墓古墳群だ。前方後円墳1基（東古墳）、円墳2基（西古墳・南古墳）の計3基で構成され、規模や築造年代から闘鶏国造の代々の墓とみられる。

3基の古墳は奈良県指定史跡で、西古墳と東古墳は三陵墓古墳群史跡公園として整備されている。東古墳は墳丘長が約110メートルの前方後円墳で、都祁盆地・大和高原・宇陀《うだ》地域で最大規模を誇る。墳丘は3段築成で、5世紀後半の築造とされる。現在は復元された円筒埴輪《はにわ》が並び、土砂の流出を防ぐために置かれた葺石《ふきいし》も多く残る。埋葬施設は未発掘なので明らかでなく、銅鏡2面や玉類、鉄製武器などが副葬品として伝えられる。

東古墳よりも先に築かれたのが西古墳で、出土品から5世紀前半の築造とされる。直径約40メートル、高さ約5メートルの円墳で、葺石が施され円筒埴輪が並べられている。

発掘調査で2ヶ所の埋葬施設（第1主体部・第2主体部）が見つかっており、現在はその痕跡をタイルで示している。第1主体部は木棺の長さが約8・4メートルで、棺床《かんしょう》には赤色顔料（ベンガラ）が確認されている。第2主体部は木棺の長さが約4・2メートルで、後で追葬する形で設けられたとみられる。

南古墳は直径約16メートルの円墳で、推定築造年代は古墳時代後期（6世紀頃）。現在は墳頂に小さな祠《ほこら》が鎮座している。

三陵墓古墳群史跡公園
5世紀中頃から6世紀にかけての古墳群で、東西2つの古墳の墳丘が復元されている。

古墳時代終末期の2基の方墳
中臣《なかとみ》氏と旭山古墳群

山科《やましな》に本拠地があった中臣氏の墓か

奈良・平安時代に栄華を極めた藤原氏のもとになったのが中臣氏である。中臣氏は祭祀を司った氏族で、「神と人の中を執りもつ臣」を意味する「ナカツオミ（中ツ臣）」が、「ナカトミ」に転訛《てんか》したものとされる。同族・同系の氏族は藤原氏を含め42氏にのぼる。

中臣氏で最も有名な人物が、乙巳の変（645年）で活躍した中臣鎌足《かまたり》である。『日本書紀』では、蹴鞠《けまり》の催しで、中臣鎌足は中大兄《なかのおおえ》皇子（38代天智天皇）に近づき、協力して蘇我氏を滅ぼしたとされる。

この中臣鎌足の本拠地だった山科盆地（京都市山科区）で、近年、中臣氏に関連する発見が相次いでいる。山科盆地にある中臣遺跡は旧石器時代から室町時代にかけての集落跡である。平成27年（2017）、中臣遺跡から7～8世紀頃の建物とみられる柱穴跡の列が出土したことが報じられた。中臣鎌足が生きたのは、614～669年の7世紀であり、柱穴跡の時代と一致する。

さらに令和5年（2023）4月、京都市街地と山科盆地を隔てる東山丘陵にある旭山古墳群から、新たに4基の古墳が出土したことが発表された。旭山古墳群は、もともと5つの支群があったが、斎場の建設にともない3つの支群は消滅。残り2つの支群が森の中に現状保存されている。

東山浄苑（本願寺文化興隆財団）が新しい施設を建設するにあたって、丘陵地中腹にある支群（計6基）のうち4基の調査が行われた。その結果、北と東西に周溝《しゅうこう》（墳丘の周囲をめぐる溝）がある方墳3基と、周溝がない小墳1基が出土したのである。横穴式石室から見つかった土器の年代から、7世紀後半の築造とみられる。

古墳時代においては終末期にあたり、2基の方墳は一辺の長さが約8メートルだが、この時期では大型の部類に入る。石室の壁には、当時の皇族や有力豪族の墓に見られるブロック状の切り石ではなく、自然石を用いた伝統的な手法が使われていたこともわかった。7世紀以前の玄室は羨道《せんどう》よりも幅が広いのが一般的だが、玄室と羨道の幅がほぼ同じという古墳も確認された。

中大兄皇子と中臣鎌足

『日本書紀』では、のちに天智天皇となる中大兄皇子と中臣鎌足は、蹴鞠の場で出会ったとされる。
神宮徴古館 所蔵

山科盆地が中臣氏の本拠地だったことから、中臣氏が被葬者である可能性が高い。旭山古墳群では副葬品があまり確認できなかったが、これは大化改新で出された薄葬《はくそう》令に従ったものとみられる。

中臣鎌足は摂津国ともゆかりが深く、阿武山《あぶやま》古墳（大阪府高槻市・茨木市）が中臣鎌足の墓だったという説もある。被葬者が最上位クラスの人物だったこと、被葬者の分析結果が中臣鎌足の死因と一致することから、中臣鎌足の墓という説が浮上した。一方で、蘇我倉山田石川麻呂《くらやまだのいしかわまろ》や阿倍内麻呂《あべのうちのまろ》も被葬者の候補に挙がっている。

第5章

検証 巨大古墳を築造した地方豪族の正体

インタビュー

巨大な方墳に見る上毛野《かみつけの》古墳文化の核心

取材・文／郡 麻江

群馬県立歴史博物館 特別館長・
橿原考古学研究所 特別指導研究員
右島和夫（みぎしま・かずお）
昭和23年（1948）群馬県生まれ。群馬大学教育学部卒業、関西大学大学院文学研究科修了。文学博士。群馬県埋蔵文化財調査事業団調査研究部長、群馬県教育委員会文化財課主監などの勤務経験を経て、平成28年(2016)4月に群馬県立歴史博物館館長に就任。令和2年(2020)4月より現職。主な著書に「東国古墳時代の研究」(学生社)、「列島の考古学　古墳時代」(共著・河出書房新社)、「群馬の古墳物語(上・下)」(上毛新聞社)など多数。

群馬県前橋市にある総社《そうじゃ》古墳群は東国を代表する古墳群の1つに数えられる。5世紀後半〜7世紀末頃にかけて築造され、大型の古墳としては前方後円墳3基、方墳3基が残っている。古墳の築造過程を読み解けば、総社古墳群が持つ歴史的意義が大きく変わってくる。総社愛宕山《あたごやま》古墳が方墳であることを突き止めた群馬県立歴史博物館特別館長の右島和夫氏に東国の古墳文化の核心を語っていただいた。

一躍、トップに躍り出た上毛野国の覇者？

総社古墳群は5世紀後半、竪穴式系の主体部と考えられる遠見山《とおみやま》古墳が築造され、その後、6世紀初頭に横穴式石室を持った王山古墳や王河原山古墳（消滅）が築造されたと考えられます。それ以降は、6世紀後半の総社二子山古墳（二子山古墳）→7世紀前半の総社愛宕山古墳（愛宕山古墳）→7世紀中頃の宝塔山《ほうとうざん》古墳→7世紀後半の蛇穴山《じゃけつざん》古墳へと移り変わっていきました。

長年、円墳とされてきたが、墳丘調査によって一辺約56mの大型の方墳ということが判明した愛宕山古墳。
前橋市教育員会 提供

まず愛宕山古墳の1つ前の代に築造された二子山古墳について触れておきたいと思います。二子山古墳は高崎市の綿貫観音山古墳、観音塚古墳とほぼ同時期、6世紀後半に築造された前方後円墳です。墳丘規模は3基とも100メートル前後とほぼ同じで、この時期、上野毛地域は、互いに拮抗する力を持った豪族たちによって、勢力が分かれていたと推測できます。

それが、次に現れる愛宕山古墳の時期に、総社古墳群の一族が一躍、トップの地位に躍り出たと私は考えています。実は愛宕山古墳は、昭和60年代頃まで円墳と考えられていましたが、私は円墳ではなく方墳の可能性が非常に強いと考えていました。ある時、単独で古墳の深い藪に分け入り、手探りで墳丘の形を追ったところ、直線的な形が確認できて、「方墳だ！」という確信を持ちました。その後、昭和63年（1988）に群馬県史編纂事業で墳丘測量調査が実現し、正式に方墳であることを確認することができました。本来の愛宕山古墳の、まごうことなき方墳が姿を現した時の感激は今も忘れられません。この調査によって、総社古墳群の中で二子山古墳が最後の前方後円墳であり、その後、愛宕山、宝塔山、蛇穴山古墳という大型方墳が続いたことが判明しました。

しかしなぜ、愛宕山古墳以降、墳形が方墳に変わり、3代にわたって方墳を築造し続けたのか。このことは上毛野地域とヤマト王権との縁《えにし》、そして日本が中央集権的な律令体制に移行していく、まさにその時期の地方の動きに深く関係しており、非常に重要な意味を持っています。そのあたりを紐解いていきたいと思います。

畿内スタイルをいち早く取り入れる特別な存在だった人物

愛宕山古墳は一辺約56メートルの大型の方墳で、7世紀前半の築造と考えられます。墳丘調査の結果、3段築成以上の古墳であることがわかりました。墳丘斜面に川原石を葺《ふ》き、テラス面に石が敷かれて、丁寧な造作を施した壮麗な古墳の姿をしていたと思われます。

南側に開口した巨大な横穴式石室は、榛名《はるな》山の基盤層の石である輝石安山岩《きせきあんざんがん》の巨石を積み上げています。玄室奥には刳抜《くりぬき》式家形石棺が置かれていますが、この時期の関東全域を見渡しても家形石棺は愛宕山古墳以外に確認できないので、おそらくですが、畿内から石棺づくりの工人が派遣されたのだろうと思います。

凝灰岩製の刳抜式家形石棺。愛宕山古墳の被葬者の地位の高さ、ヤマト王権との結びつきの強さを感じさせる。
前橋市教育員会 提供

巨石を積み上げた石室は、まさに畿内スタイルで、しかも畿内でも有力者の古墳にしか採用されないものでした。この頃、畿内では蘇我氏が権勢を誇り、古墳のスタイルが急激に変わっていく中で、遠く離れた上毛野の1人の被葬者が、いち早く畿内スタイルを取り入れたということにまず、驚きます。

7世紀に入り、全国的に前方後円墳が築造されなくなった時期に、上毛野では他地域の有力者たちの古墳がみな円墳に変わっていく中で、なぜ、愛宕山古墳だけが方墳を採用したのかという疑問が湧いてきます。その頃、ヤマトでは31代用《よう》明《めい》天皇や33代推古《すいこ》天皇といった天皇陵や有力墳が方墳を採用していくのですが、まさにヤマトの動きと同時進行で、畿内の有力墳の変化に呼応するものでした。愛宕山古墳の被葬者がヤマト王権の色濃い影響を受けていることは確かで、この人物はヤマト王権から見て特別な存在であり、格別な扱いを受けていたと思わざるを得ません。

ヤマト王権と連動しつつ、東国の雄国を掌中に収める

ではなぜ、愛宕山古墳の被葬者はヤマト王権にとって特別な存在だったのでしょうか。私は、ヤマト王権が直接任命したであろう、最も典型的な国造《くにのみやつこ》のあり方を愛宕山古墳に認めることができると考えています。

まず、この時期、ヤマト王権はようやく中央集権的な支配体制をつくりつつあり、彼らの視線は東国へ向き始めました。東国の中でも特に豊かな農業資源、軍事力、そして、馬を育てるのに適した広大な山麓の平野を有し、古墳時代前期（3世紀中頃～4世紀）以来、一貫して太い交流パイプがあった上毛野地域に注目したのは間違いないと思います。

前述のとおり、愛宕山古墳以前の時代は、上毛野には肩を並べる豪族たちが多く存在

「截石切組積」という新たな技術を用いた宝塔山古墳の美しく洗練された石室。石室全体に漆喰を塗って白く仕上げていた。
前橋市教育員会 提供

側壁・奥壁・天井石が各々1石の巨石で構成された蛇穴山古墳の石室。宝塔山古墳の石室より洗練されている。
前橋市教育員会 提供

していましたが、そこに愛宕山古墳の被葬者が頭一つ躍り出て、トップとして上毛野を1つにまとめていきました。その原動力は〝ヤマト王権から直接の任命を受けた〟ことによると思われます。豪族同士の争いの上で得たのではなく、それまで総社古墳群の盟主たちが築いてきたヤマト王権との結びつきが、最大にしてかつ、強固なものになったのが、愛宕山古墳の被葬者が活躍した時期に重なっており、ヤマト王権から上毛野の王たる資格を認められたのではないでしょうか。

ヤマト王権の威信を後ろ盾にして、新たな支配体制に直接組み込まれていく形で、愛宕山古墳の被葬者は名実とも上毛野のトップに立ったと考えられます。

ヤマト王権は全国各地に上毛野と同じような「重要地域」を定め、その地のトップを支配体制に組み込むことで、全国制覇を狙っていったのだと思います。

大型方墳の連続性に見る、総社古墳群一族の気概

愛宕山古墳の後、宝塔山古墳、蛇穴山古墳が築造されますが、いずれも大型の方墳で、総社古墳群の一族の墓だと考えていいでしょう。

宝塔山古墳は7世紀半ばの築造で、一辺約66メートルの大型方墳です。石室は羨道《せんどう》（棺を納める玄室と外部を結ぶ通路）・前室・玄室で構成されており、玄室は美しく表面加工された切石を用いた「截石切組積《きりいしきりぐみづみ》」という新たな工法を取り入れています。さらに、石室全体に漆喰を塗って白く仕上げていたことがわかっており、ヤマトから漆喰を専門とする工人が直接来て指導した可能性が出てきました。石室内の刳抜式家形石棺の下部に「格狭間《こうざま》」という構造が四隅につくられており、その完成度は見事という他ありません。

蛇穴山古墳は一辺約44メートルの方墳で、7世紀後半の築造と考えられます。石室は南側に向かって開き、台形状に区画された前庭を持ちます。玄室は両側壁・奥壁・天井石がおのおの1石の巨石で構成され、表面が滑らかに加工されて、実に美麗な石室です。石材の周囲を欠き取って精巧に組み合わせるなど、高度な加工技術を見ることができます。宝塔山古墳と同じように石室には漆喰が塗られており、さぞや美しかったこと

でしょう。奥壁付近に砂岩製の大きな切石が置かれていて、棺を安置する棺台ではないかとの解釈もあります。

贅《ぜい》を尽くした3代の方墳を見ていくと、愛宕山古墳以降もまた、この一族はヤマト王権との濃厚なつながりを維持し、力を持ち続けたことがわかります。7世紀に入ると古墳は小型化して、有力者のステイタスシンボルとして寺院が新たに建立されるようになっていきます。しかし総社古墳群では近くに山王廃寺《さんのうはいじ》という、畿内の有力寺院に匹敵する見事な古代寺院が建立されながらも、古墳の築造にも力を注いでいることがわかります。

律令体制への歩みが進行する中で、ヤマト王権にとって重要地域である上毛野地域の統括の一翼を担った、総社古墳群の一族の気概と矜持をひしひしと実感できます。

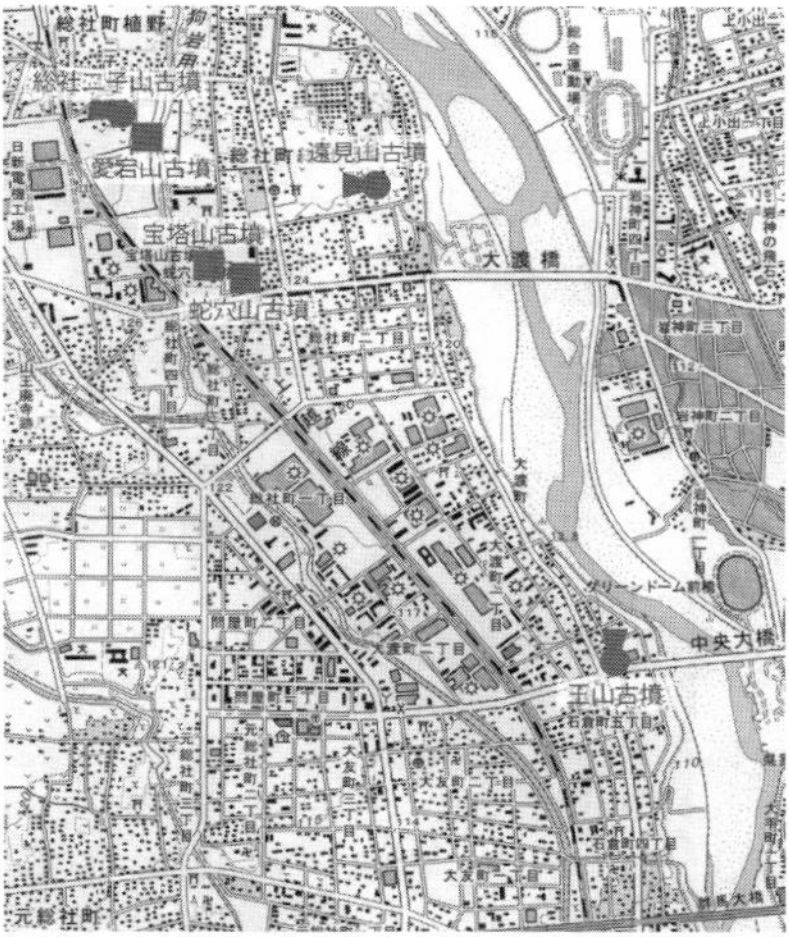

東国を代表する古墳群の1つである総社古墳群。大型の古墳としては前方後円墳3基、方墳3基が残っている。
前橋市教育員会 提供

歴史的発見が相次いだ埼玉《さきたま》古墳群
武蔵《むさし》の豪族

武蔵国を支配した知々夫《ちちぶ》国と无邪志《むざし》国

現在の埼玉県、東京都と神奈川県の一部を含む武蔵国は、北部（埼玉県）と南部（東京都・神奈川県）で文化の展開が異なる。

『先代旧事本紀《せんだいくじほんぎ》』の「国造本紀《こくぞう》」には、最初に北武蔵の秩父地方で知知夫彦命《ちちぶひこのみこと》（八意思兼命《やごころおもいかねのみこと》の10世の孫）が国造に任じられたことが記されている。時代が下って兄多毛比命《えたもひのみこと》が无邪志《むざし》国造（武蔵国東部）になったという記述がある。兄多毛比命は出雲氏の祖・二井之宇迦諸忍之神狭命《ふたいのうかもろおしのかんさのみこと》の10世の孫にあたり、出雲国と无邪志国に何かしらのつながりがあった可能性もある。また、兄多毛比命の子・伊狭知直《いさちのあたい》が初代胸刺《むざし》国造に任じられたという記述もある。秩父地方が古くから開かれた土地だったのは、无邪志国造に先んじて国造が定められたからとみられる。知々夫国造の氏神は秩父神社で、知知夫彦命も祭神に含まれている。国造に任じられた知知夫彦命が「大神を拝祠」したが、これが秩父神社の創建とされる。

埼玉古墳群
埼玉県行田市にある古墳群で、5世紀後半から7世紀中頃にかけて、前方後円墳8基、大型円墳2基、方墳1基などが築かれた。手前が稲荷山古墳。

『日本書紀』安閑《あんかん》天皇条には、武蔵国造の笠原使主《かさはらのおみ》と同族の小杵《おき》が争ったという記述がある（武蔵国造の乱）。「武蔵」は後世に現れる表記で、乱が起きた頃は存在していない。性格が激しくて高慢だった小杵は、上毛《かみつけ》野《のの》小熊《おくま》に助力を求め、使主を謀殺しようとした。それに気づいた使主が逃亡し、朝廷に助けを求めた。朝廷は使主を国造として小杵を誅し、使主は天皇のために4ヶ所の屯倉《みやけ》（横《よこ》渟《ぬ》・橘花《たちばな》・多氷《おおひ》・倉樔《くらす》）を設けた。

「武蔵国造の乱で勝利した笠原使主は稲荷山古墳に埋葬された一族の出身で、朝廷とパイプがあった。一方、小杵は朝廷とのパイプがなかったので、上毛野小熊に頼るしかなかった」という説もある。乱の史実性は定かでないが、この時期は九州で筑紫君磐井《つくしのきみいわい》の乱が鎮圧されている。そのため、乱の記述の元になった出来事が東国で起きた可能性も指摘されている。7世紀には无邪志国、知々夫国、胸刺国が合体し、令制国の武蔵国になった。

ヤマト王権の拡大を示す金錯銘《きんさくめい》鉄剣の銘文

北武蔵を代表する古墳群が、埼玉県行田市の埼玉古墳群だ。有名なのが、金錯銘を有する鉄剣が出土した稲荷山古墳で、国の特別史跡に指定されている。全長約120メートルの前方後円墳で、5世紀後半の築造とされる。

稲荷山古墳の金錯銘鉄剣は昭和43年（1968）に出土したもので、昭和53年（1978）の刀身の鉄さびを除去している最中、金の象嵌《ぞうがん》が偶然発見された。X線調査の結果、それが115もの文字であることがわかり、大々的に報じられた。

銘文の内容は「オワケという臣が獲加多支鹵大王のそばに仕え、辛亥《しんがい》の年にこの剣をつくらせた」というもの。「辛亥年」は西暦471年に推定されるが、531年とする説もある。「獲加多支鹵」は「ワカタケル」と読め、辛亥年の年代から21代雄略《ゆうりゃく》天皇と推定される。雄略天皇が「大泊瀬幼武《おおはつせわかたけ》」という諱《いみな》を持つのも、「ワカタケル＝雄略天皇」

の説を後押しする。辛亥年が531年を示すものであれば、「ワカタケル」は29代欽明《きんめい》天皇である可能性が高い。

熊本県和水町《なごみ》の江田船山《えたふなやま》古墳でも、「獲加多支鹵」と読める可能性がある銘文が刻まれた鉄剣が出土している。埼玉、熊本と遠く離れた同時代の古墳から同じ大王の名前が発見されたことは、ワカタケル大王（ヤマト王権）の威光が日本列島の広範囲に及んでいたことを示している。

他にも、埼玉古墳群では貴重な発見が相次いでいる。将軍山古墳は全長約90メートルの前方後円墳で、国内で3例しか発見例がない馬冑《ばちゅう》が副葬されていた。多くの馬具や武器も出土していることから、武人が埋葬された可能性が高い。

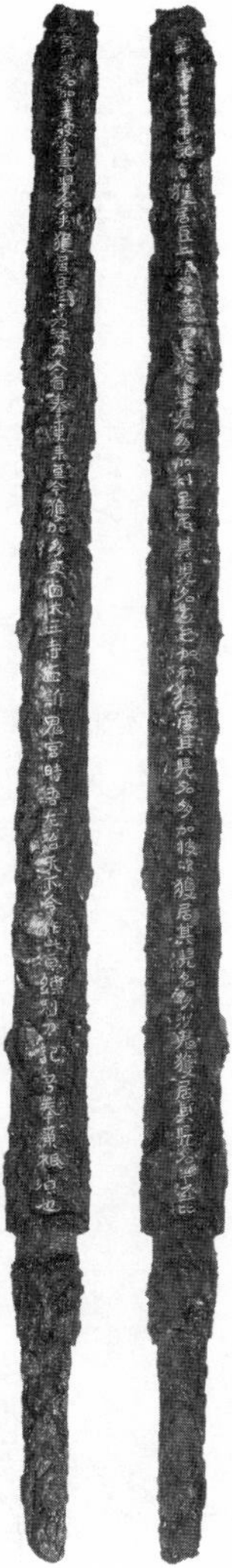

金錯銘鉄剣
（表・裏）
稲荷山古墳から出土した全長約73.5cm鉄剣で、金象嵌で115字の銘文が刻まれている。
埼玉県立さきたま史跡の博物館提供

国内最古の銘鉄剣が出土した稲荷台《いなりだい》1号墳

上総《かずさ》の豪族

豪族が割拠していた古墳時代の房総半島

現在の千葉県を主な地域とし、茨城県や東京都の一部にも範囲が及んだのが「総国《ふさのくに》」である。『古語拾遺《こごしゅうい》』によれば、国の名前は阿波《あわ》国が由来とされる。

阿波国で穀物や麻を栽培していた天富命《あめのとみのみこと》が、よりよい土地を求めて東国に向かった。房総半島南端の布良《めら》の浜に上陸した一行は開拓を進め、土地を豊かにした。麻の育ちが特によかったので、麻の別称である「総」が地名に用いられた。阿波の忌部《いんべ》氏が居住した地は、阿波にちなんで「安房《あわ》」と名付けられたという。

昭和42年（1967）に飛鳥の藤原京跡で「己亥《きがい》年十月上挟国阿波評松里《かずさのくにあわのこおりまつのり》」（己亥年は西暦699年）と書かれた木簡《もっかん》が掘り出され、研究によって「挟」の字は「ふさ」と読み、「上総国阿波（安房）郡」という意味であることがわかった。

稲荷台古墳群
4世紀後半から7世紀にかけて築造された古墳群で、
最も大きい1号墳からは王賜銘鉄剣が出土した。

律令制以前は総国ではなく「捄《ふさ》国」だったとされる。「捄」は「房をなしてみのる果実」の意味があることから、麻の実にも当てはまるので、麻と捄を間接的に結びつけることはできる。

総国は北西側の「下総《しもうさ》」、南東側の「上総」に分けられ、律令制下では上総国から安房国が分立した。『帝王編年記』では、上総国の成立を27代安閑天皇の時代の534年としている。「上」「下」を冠していることから、上総・下総の分割が6世紀半ばに行われたという説もある。

律令制以前は、下総国に3つ（印波、千葉、下海上《しもつうなかみ》）、上総国に8つ（須恵《すえ》、馬来田《うまくた》、上海上《かみつうなかみ》、伊甚《いじみ》、武社《むさ》、菊麻《きくま》、阿波、長狭《ながさ》）の国造が置かれていた。阿波と長狭の領域は、養老2年（718）に安房国として分かれている。ヤマト王権が任命した全国の国造を列挙した「国造本紀」には、国造ごとに「深河意弥《ふかがわおみ》」「忍立化多比《おしたちけたひ》」などの豪族名が書かれている。

稲荷台1号墳で出土した鉄剣の正体

かつては、古墳文化は畿内中心の視点で語られるのが一般的で、東国の古墳が話題になることはほとんどなかった。そのため、「総国」が全国有数の〝古墳大国〟であることは、あまり知られていない。古墳の出現期も3世紀にさかのぼるとされ、古墳時代の初期から有力な豪族が存在していたことがうかがえる。

総国の古墳で特に有名なのが、千葉県市原市の養老川下流域北岸に営まれた稲荷台古墳群である。昭和51年（1976）から翌年にかけて行われた調査で、4世紀後半～7世紀に形成された12基の円墳が確認された。そして、この中で最も規模が大きい稲荷台1号墳（直径約28メートル）からは、銘文が刻まれた鉄剣（王賜銘鉄剣《おうしめいてっけん》）が出土した。副葬品は短甲《たんこう》（胸腹部を防御する鎧の一種）や鉄鏃《てつぞく》、大刀《たち》といった武具類が多く、被葬者は武人だったと考えられる。

鉄剣の表面には「王賜□□敬□（安）」、裏面には「此廷□□□□」という銀象嵌《ぎんぞうがん》の銘文が確認できる。年号などは確認できないが、木棺に納められていた武具の形式から、5世紀半ばのものと推定される。王から鉄剣を賜ったことを記した文章と推測されるが、古墳の規模がそこまで大きかったわけではないので、ヤマト王権の「王」から賜ったものではなかった可能性もある。近くには全長約103メートルの前方後円墳・姉崎二子塚古墳（千葉県市原市）があるが、その被葬者が「王」だったとする見解もある。

王賜銘鉄剣の銘文「王賜」
5世紀中頃から後半につくられた銀象嵌で、「王賜」と刻まれている。この「王」が誰を指すのかが諸説ある。
共同通信社 提供

「王賜銘鉄剣」は稲荷山古墳（埼玉県行田市）で発見された「金錯銘鉄剣」よりも古いとみられ、ヤマト王権と古代東国のかかわりを示す史料としても一級の価値がある。令和4年（2022）11月に開館した市原歴史博物館で展示されており、近くには稲荷台1号墳の再現墳丘（3分の1スケール）がある。

県内最大規模の前方後方墳「二子《ふた》塚《ごづか》古墳」

甲《か》斐《い》の豪族

曽根丘陵に築かれた巨大な前方後円墳

山梨県の甲府盆地の南にある曽根丘陵は、考古遺跡が多く分布していることで知られる。旧石器時代の遺物が出土した立石遺跡、弥生時代の方形周溝《ほうけいしゅうこう》墓《ぼ》群《ぐん》をともなう上《うえ》の平《だいら》遺跡などが点在し、古くから安定した生産力が確保できる場所だったことがうかがえる。

4世紀の甲府盆地では古墳が次々と築かれ、政治的な中心地となった。ヤマト王権の影響も及んでいたとみられ、前方後円墳も築かれている。中でも山梨県甲府市にある甲《か》斐《い》銚《ちょう》子《し》塚《づか》古墳の全長は約１６９メートルもあり、同時期の古墳の中では東日本最大級の規模を誇る。昭和3年（１９２８）には竪穴《たてあな》式石室と副葬品が発見され、さらに平成16年（２００４）には後円部で突出部が確認された。この場所では、古墳の祭祀が行わ

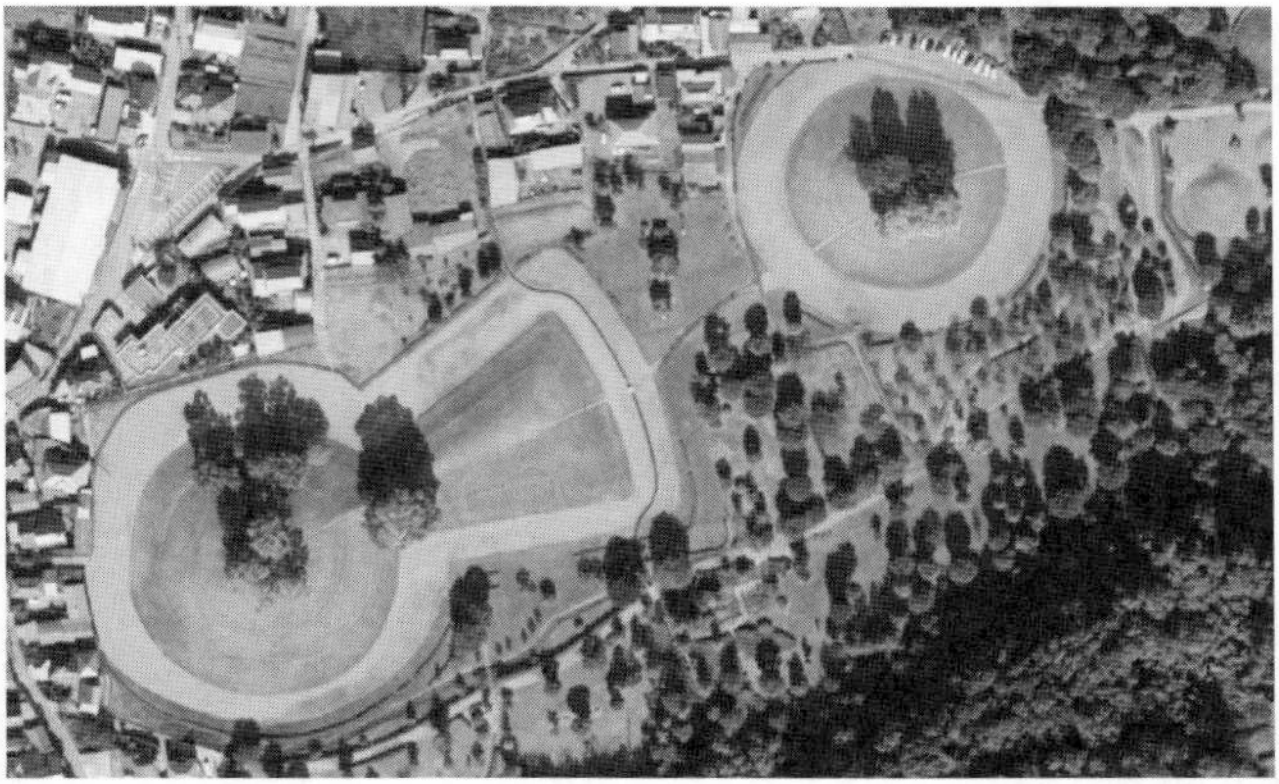

東山古墳群
東日本最大級の前方後円墳である甲斐銚子塚古墳（左）と直径約72mの丸山塚古墳（右）。
国土地理院 提供

れていたとみられ、円盤形や棒状の木製品が見つかっている。これらは組み合わせて、葬送儀礼の道具として用いられたと考えられるという。

近くには直径約72メートルの円墳・丸山塚古墳、最古級の前方後円墳である大《おお》丸山《まるやま》古墳があり、東山古墳群を構成している。丸山塚古墳からは鉄剣や鉄斧《てっぷ》、鏡、鎌など、大丸山古墳からは管玉《くだたま》や鉄製武具などが副葬品として見つかっている。こうした古墳群が営まれたのは、東海地方から富士山西麓を経て古墳文化が流入してきたからだ。高峻な山岳に囲まれていたが、甲府盆地では東海系の土器が多数出土しており、文化が伝播《でんぱ》していたことを示している。

大丸山古墳で発見された三角縁三神三獣鏡は、岐阜県岐阜市の打越《うちこし》古墳、静岡県磐田市の寺谷《てらだに》銚子塚古墳で出土した鏡と同笵鏡《どうはんきょう》（同じ鋳型《いがた》で作成した鏡）である。同笵鏡の分配は、ヤマト王権によって行われたとみられている。そのため、曽根丘陵に古墳をつくった首長たちは王権との結びつきが深く、東国進出の前線基地のような役割を担っていたとみられる。

日本武尊《やまとたけるのみこと》の神話が示す王権と甲斐国の関連性

曽根丘陵の西の米倉《こめくら》山にある小平沢《こびらさわ》古墳（山梨県甲府市）は築造年代が古く、4世紀中頃とされる。全長は約45メートル。かつては「山梨県内で唯一の前方後方墳」だった。しかし、山梨県中央市で県内2例目となる前方後方墳が令和4年（2022）に発見された。

古墳の全長は約50メートルで、小平沢古墳を上回る。さらに、周囲には深さ約1メートルの溝が掘られ、3基の円墳も見つかっている。中央市によると、この前方後方墳は4世紀後半から5世紀頃に築かれたとみられ、旧豊富《とよとみ》村の記録にある「二子塚古墳」ではないかといわれる。地元では「小玉塚」と呼ばれていたが、削られて現状は畑になっていた。今まで見つかっている古墳群とは少し離れた場所にあることから、山梨県内に

二子塚古墳
山梨県中央市の大鳥居宇山平遺跡から発見された前方後方墳は、県内最大規模で4世紀後半から5世紀頃の築造とみられる。

別の有力者がいた可能性がある。

『日本書紀』や『古事記』で語られる日本《やまと》武尊《たけるのみこと》（『古事記』では倭建命）の東征神話では、日本武尊が甲斐国酒折宮《さかおりのみや》に立ち寄った話が記されている。この地で老人と歌を交わし、『古事記』には彼を東の国造に任じたという記載がある。また、このエピソードから、酒折宮は連歌《れんが》発祥の地として知られる。酒折宮が儀式を行う場所として出てきたのは、古代甲斐が畿内王権と密接につながっていたことを示している。

また、古代甲斐は良馬の産地で、甲斐から畿内に駿馬《しゅんめ》が貢上された。『日本書紀』雄略天皇条には、「甲斐の黒駒」に関する伝承があり、「甲斐＝馬」のイメージは戦国時代の武田氏へと受け継がれた。

三角縁神獣鏡《さんかくぶちしんじゅうきょう》の破片が出土した森将軍塚古墳

科野《しなの》の豪族

森将軍塚古墳に築かれた東日本最大級の竪穴式石室

本州の内陸中央部に位置する長野県は、古くは「科野（信濃）国」と呼ばれた。「シナノ」の語源は諸説あるが、「科《しな》の木」に由来する説が古くから唱えられている。また、山国の地形から、段差を意味する「科」や「級」を用いた「級坂《しなさか》」が語源という説もある。国名としての「シナノ」は、7世紀末の藤原宮木簡《もっかん》に「科野国伊奈評《こおり》鹿□大《おお》贄《にえ》」と見えるのが最初の確実な史料である。大宝4年（704）の諸国印鋳造時に「信濃」へ表記が変わり、現在も「信州」の名が浸透している。

弥生時代から古墳時代にかけての「科野」は、更級《さらしな》や埴科《はにしな》を中心とした千曲《ちくま》川流域だった。ヤマト王権の影響を受けた前方後円墳も築かれ、長野市南部から千曲市北部にかけての一帯には森将軍塚古墳や川柳《せんりゅう》将軍塚古墳、倉科将軍塚古墳などがある。森将軍塚古墳などがある埴科古墳群は、「科野の里歴史公園」として史跡整備されている。

4世紀末の築造とされる森将軍塚古墳は、長野県で最大となる全長約100メートルの前方後円墳である。海抜約500メートルの大穴山に所在し、曲がった尾根上に築造されているので左右対象ではない。後円部は楕円形に近い形状になっている。墳丘は葺《ふき》石《いし》で覆われており、墳頂には形象埴輪が配されていた。

後円部の中央には全長約7・6メートル、幅約2メートル、深さ約2・3メートルの竪穴式石室がある。東日本では最大級の大きさを誇り、森将軍塚古墳館で原寸大の模型が展示されている。副葬品の多くは盗掘の被害に遭ったが、ヤマト王権とのつながりを示す三角縁神獣鏡の破片などが見つかっている。

川柳将軍塚古墳は全長約91メートルの前方後円墳で、千曲川流域では森将軍塚古墳に次ぐ規模を誇る。江戸時代に多くの鏡や車輪石、琴柱《ことじ》形石製品などの副葬品が出土したと伝えられる。千曲川中流域以外は、古墳時代前期までは目立った古墳がなかった。しかし、5世紀後半に入ると、天竜川西岸の台地上にも大型円墳・前方後円墳が築かれるようになった。小さな円墳にも武器・武具が副葬され、武具副葬古墳の数では奈良県や大阪府を上回る。これは、天竜川の流域に軍事的性格が強い集団が存在していたことを物語っている。

新発見が続く愛知県豊橋市の遺跡
尾張《おわり》・三河《みかわ》の豪族

天皇家と深くつながった地方豪族・尾張氏

愛知県は東の三河国、西の尾張国が1つになって生まれた県だが、明治時代には「風土人情が異なる」として、分県を求める動きもあった。対立しているわけではないが、現在も文化圏に違いが見られる。

戦国時代に織田信長が生まれた尾張国は、畿内と東国を結ぶ水運と陸路の要衝地にあたる。肥沃な濃尾《のうび》平野が広がっており、平安時代には皇室や貴族、寺社の荘園が多く置かれていた。

古代日本で尾張を支配したのが尾張氏で、『日本書紀』では火明命《ほのあかりのみこと》を祖とする。『先《せん》代旧事本紀《だいくじほんぎ》』の「国造本紀」では、13代成務《せいむ》天皇の代に小止与命《おとよのみこと》（乎止与命）が尾張国造に任じられたと伝わる。古くから天皇家と姻戚関係を結び、世襲足媛《よそたらしひめ》（余曾多本毘《よそたほひ》

日本武尊

12代景行天皇の皇子である日本武尊は尾張氏の娘・宮簀媛を妻に迎えたとされる。
神宮徴古館 所蔵

売命《めのみこと》）は5代孝昭《こうしょう》天皇の后妃となり、子に6代孝安《こうあん》天皇がいる。また、10代崇神《すじん》天皇は尾張大海媛《おおあまひめ》を妃としている。

尾張氏の娘で有名なのが、日本武尊の妻・宮簀媛《みやずひめ》（美夜受比売）である。兄の建稲種命《たけいなだねのみこと》は副将軍として東征に随伴し、数多くの戦功を挙げた。『日本書紀』によると、日本武尊は東征から帰る途中に尾張へ立ち寄り、宮簀媛を娶ったという。

その後、伊吹山《いぶきやま》に荒ぶる神がいるのを聞いた日本武尊は、草薙《くさなぎの》剣《つるぎ》（天叢雲剣《あめのむらくものつるぎ》）を宮簀媛に預けて出立する。しかし、山中で体調が悪化し、能褒野《のぼの》の地で亡くなった。宮簀媛は草薙剣を奉納し、熱田社《あつた》（現在の熱田神宮）を創建したと伝わる。

尾張氏で実在の可能性がある最古の人物は、『日本書紀』允恭《いんぎょう》天皇条に出てくる尾張吾襲《あそ》である。18代反正《はんぜい》天皇の殯《もがり》を担当する玉田宿禰《すくね》の監視を命じられたが、途中で玉田宿禰に殺されてしまった。次に出てくるのが26代継体《けいたい》天皇の妃・目子媛《めのこひめ》で、2人の子（27代安閑天皇・28代宣化《せんか》天皇）が即位している。

壬申《じんしん》の乱では、尾張氏が大海人《おおあま》皇子（40代天武《てんむ》天皇）を全面的に支援し、勝利に貢献した。持統天皇の時代の695年には尾張大隅《おおすみ》が位階・功田を授かったが、これは壬申の乱の功績によるものとされる。

東海地方最大級を誇る前方後円墳の被葬者

尾張氏は天皇家の外戚《がいせき》の地位を得たが、地方豪族という出自もあってか、中央政界で華々しく活躍することはなかった。とはいえ、尾張氏が東海地方随一の実力者だったのは確かで、東海地方最大の前方後円墳である断夫山《だんぶさん》古墳（愛知県名古屋市）の被葬者は尾張氏だったとされる。

断夫山古墳は熱田神宮の近くに位置し、出土した埴輪《はにわ》や須恵器《すえき》から、5世紀末から6

断夫山古墳

戦前まで熱田神宮の所属地だった古墳で、熱田神宮は宮簀媛の墓としている。出土品などから5世紀末から6世紀初頭の築造と考えられている。
国土地理院 提供

世紀初めの築造とみられる。全長は約150メートルで、この時期では指折りの規模である。被葬者として有力視されるのは目子媛の父・尾張草香《くさか》だが、目子媛という説もある。

これに対し、熱田神宮は断夫山古墳を「陀武夫御墓」と称し、日本武尊の妻・宮簀媛の墓としている。亡き日本武尊への想いを抱いて没した宮簀媛の伝承から、「夫を断つ山」という表記の「断夫山」が古墳の名称に当てられた。

また、熱田神宮は近くにある白鳥《しろとり》古墳を「白鳥御陵」と称し、日本武尊の陵としている。毎年5月8日に御陵《ごりょう》墓祭《ぼさい》を行っているが、日本武尊伝説の推定年代は4世紀頃で、断夫山古墳の築造時期とは大きな隔たりがある。

王権とのかかわりを示す銀象嵌《ぎんぞうがん》の龍文

愛知県の東部に位置する三河は、『古事記』で「三川」と表記されている。『先代旧事本紀』の「国造本紀」には、13代成務天皇の時代に物部《もののべ》氏族の知波夜命《ちはやのみこと》が参河国造、21代雄略天皇の時代には菟上足尼命《うなかみすくねのみこと》が穂国造《ほのくにのみやつこ》に任命されたと伝わる。大化改新後に参河国造と穂国造の支配領域を合わせ、三河国が成立したと考えられている。

近年、三河では新発見が相次いでいる。令和3年（2021）には、愛知県豊川市にある花の木古墳群で、県内で初となる蛇行剣《だこうけん》が出土している。波状に屈曲した剣身を持つ鉄剣で、国内では約80点が見つかっている。形状が特殊なので、儀式で用いられたとみられる。

令和4年（2022）は愛知県豊橋市で多くの発見が発表された年である。まず、口《くち》明塚南古墳《あけづかみなみ》で、7世紀前半とみられる全長約10メートルの大型横穴式石室が確認されたことが発表された。最大幅は約2メートルあり、1メートルを超える石材が用いられるなど、当時としては大型の石室であることが判明したのである。岩石が抜き取られた痕跡があるが、これは吉田城の石垣をつくる際に用いられたという伝承がある。

三ツ山古墳
愛知県豊橋市にある三ツ山古墳は6世紀前半につくられた前方後円墳で、東三河最古の横穴式石室が発見された。

三ツ山古墳では、石室が東三河最古の横穴式石室であることが判明した。それまで竪穴式か横穴式かは判別できていなかったが、新たに行われた発掘調査で、横穴式石室の入り口が確認された。

寺西1号墳では、発掘された大刀に銀象嵌の龍文らしき文様があることが発表された。銀で龍の文様の象嵌を施した刀身は国内で4例目となる大発見だった。大刀そのものは昭和40年（1965）の発掘調査で出土したものだが、保存処理の過程で龍文の発見に至ったという。

蛇行剣や銀象嵌の龍文は、この地の統治者がヤマト王権から認められた人物だったことをうかがわせている。また、巨大な横穴式石室の発見は東三河に有力者がいたことを示している。

北陸随一の王墓と裏付けられた六呂瀬山《ろくろせやま》1号墳

越《こし》の豪族

ヤマト王権に迎えられた越の支配者・26代継体《けいたい》天皇

古代における日本海沿岸地域は、海を挟んで大陸と向き合う日本列島の玄関口だった。良港となる潟《かた》も多く、国内外との交流で富が築かれた。越の特産品としては、越後の硬玉ヒスイ、越前の碧玉《へきぎょく》などがある。

現在の福井県から山形県までの地域を「越」といい、7世紀後半の木簡《もっかん》には「高志《こし》」と書かれている。「越」の字は、高志国が分割されて越前・越中・越後などの国が生まれてから用いられたとみられる。大宝4年（704）に国印が鋳造される前は、「高志前国」「高志中国」「高志後国」などの表記もあった。

古墳時代初期はヤマト王権の影響が十分に及ばず、諸豪族が支配していたと推測される。『日本書紀』崇神天皇条には、8代孝元《こうげん》天皇の子・大彦命《おおひこのみこと》が四道《しどう》将軍の1人として北陸に派遣されたことが記されている。また、6世紀初めには、越に拠点を置く男大迹《おおど》王が26代継体天皇として即位している。15代応神《おうじん》天皇の5世孫で本来は皇位を継ぐ立場ではなかったが、25代武烈《ぶれつ》天皇が後嗣を残さずに亡くなったため、大伴金村《かなむら》や物部麁鹿《もののべのあらか》火《ひ》らの推戴を受けて即位に至った。先帝と4親等以上離れた傍系での即位は極めて異例で、「継体天皇が実力で皇位を簒奪《さんだつ》し、新王朝を創設した」という王朝交替説も唱えられた。

継体天皇の父・彦主人《ひこうし》王は近江の人物だったが、継体天皇が幼い頃に死去した。母の振媛《ふるひめ》は自分の故郷である越の高向《たかむこ》（福井県坂井市）に帰り、継体天皇を育てた。成長した継体天皇は越前地方を統治し、三国（福井県坂井市）でヤマト王権の使者と対面した。三国地方は九頭《くず》竜《りゅう》川の水上交通と朝鮮半島との通交で栄えた地で、天皇位を継ぐのにふさわしい経済基盤を築いた。

継体天皇像
福井県越前市にある像。男大迹王は越を本拠地とした皇族で、のちに26代継体天皇として即位した。

北陸最大の前方後円墳だった六呂瀬山1号墳

継体天皇の地盤である九頭竜川流域には、古代の繁栄を示すかのような古墳がいくつもある。令和4年（2022）、福井県坂井市にある前方後円墳・六呂瀬山1号墳が、大きな勢力を誇った越の王にふさわしい、北陸地方最大の古墳であることが判明した。

六呂瀬山1号墳はかつては全長約140メートルとされていたが、新たな調査で約143メートルであることが判明した。今までは石川県能美《のみ》市の秋常山《あきつねやま》古墳群の1号墳（全長約141メートル）が北陸最大の古墳とされていたが、それを上回る形となった。

調査では、1号墳の後円部東側で造出《つくりだ》し（古墳の墳丘につくられたステージ状の施設）の遺構も確認された。神殿を模した埴輪《はにわ》の屋根部分の鰹木《かつおぎ》片（約15センチ）、囲形埴輪の一部などが出土した。造出しは、前方後円墳のくびれ部分に設けられることが多いが、六呂瀬山1号墳では後円部にあり、全国的にも珍しい様式だという。

六呂瀬山1号墳の推定築造年代は4世紀末から5世紀初めで、継体天皇よりも早い時代に築かれた。そのため、九頭竜川流域には早くから力のある豪族がいて、その権威を示すために巨大古墳をつくらせたとみられる。

継体天皇の即位前後に築かれた二本松山古墳（福井県永平寺町）では、仿製《ぼうせい》四獣鏡や

六呂瀬山古墳群
1号墳の全長は約143m、3号墳の全長は約90mの前方後円墳で、北陸最大級の前方後円墳を含む古墳群である。

眉庇付冑《まびさしつきかぶと》、鉄刀や管玉《くだたま》など、多くの副葬品が出土している。朝鮮半島南部で流行していた金銅製の冠も見つかっており、朝鮮半島との結びつきが深かったことがうかがえる。

現在の福井県西部にあたる若狭《わかさ》でも、朝鮮半島との結びつきを示す遺物が発見されている。6世紀初めの築造とされる十善の森古墳（福井県若狭町）では、伽耶《かや》系の金銅製轡《くつわ》や百済《くだら》系の金銅製冠などが出土している。

また、同じく若狭町にある西塚古墳では、丸太を使った堰《せき》の遺構が発見されている。水を堰《せ》き止めるだけでなく、水量をためるのに役立てたと考えられる。ヤマト王権の中心地だった畿内には周濠がある古墳が多いが、若狭は畿内との距離が近かったので、古墳も畿内の影響を受けていたとみられる。

琵琶湖東岸最大級の石室が出土した荒神山《こうじんやま》古墳群

近江《おうみ》の豪族

東西交通の要衝として重要な役割を果たした近江

近江国は大和や難波への物資の供給源であると共に、畿内と東国・北陸を結ぶ交通の要衝だった。藤原氏の家伝によると、近江は琵琶湖の淡水を介在し、広い平野に多くの人が住んでいたという。飛鳥時代には近江大津宮、奈良時代には紫香楽宮《しがらきのみや》や保良宮《ほらのみや》が置かれた他、壬申《じんしん》の乱や恵美押勝《えみのおしかつ》（藤原仲麻呂《なかまろ》）の乱が起きるなど、政治や戦乱の舞台にもなった。

「近江」という国名は、浜名湖がある「遠《とお》つ淡海《おうみ》」（遠江《とおとうみ》）に対し、畿内に近い淡水の湖という意味の「近つ淡海《あうみ》」から転訛《てんか》したものとされる。ちなみに、琵琶湖の名称は楽器の琵琶に形状が似ているのが由来だが、その名称が定着したのは中世以降である。古代は「淡海」「淡海の海」「鳰《にお》の海」などと呼ばれていた。

畿内では3世紀から前方後円墳が築かれ始めたが、近江の初期の古墳には全長約70メートルの雪野山古墳（滋賀県近江八幡市）がある。武器や武具が副葬品として多く出土していることから、湖東一帯に基盤を持つ豪族の墓とみられる。

4世紀後半の築造とされる荒神山古墳（滋賀県彦根市）は全長約124メートルの前方後円墳で、滋賀県では2番目に大きい。この古墳は東に湖東平野、西に琵琶湖が広がる荒神山（標高284メートル）の山頂付近につくられたもので、当時の有力者の墓と推測される。近世には東西交通の要として石田三成や井伊氏が置かれたが、古代においても水陸の物流が集まる重要拠点だった。

荒神山古墳群（A支群1号墳）
令和5年（2023）の調査によって、築造時の石室の奥行きは最大約6mで、もともと入り口の手前も玄室だったことがわかった。
毎日新聞社 提供

荒神山には6〜7世紀の小規模な古墳も点在しており、総称して荒神山古墳群と呼ばれる。全部で9つの支群に分かれ、60基以上が存在するが、今まで本格的な調査は行われていなかった。

令和5年（2023）2月、古墳群の中で玄室の規模が最も大きいA支群1号墳の調査が行われた。その結果、石室を納める玄室に墳丘の盛り土と考えられる土が人為的に入れられていることが判明した。土の運び入れは幕末から明治時代にかけて2回にわたって行われたと考えられる。さらに入り口付近の石材も積み直され、天井石も失われていたことがわかった。石室は築造当時とは大きく改変されていたのである。玄室に入れられていた土を取り除いて調査したところ、本来の玄室の奥行きは5〜6メートルに及んでいたと推測され、滋賀県内でも最大規模の石室である可能性があるという。

多くの渡来系氏族が近江に本拠を置く

近江には息長《おきなが》氏や犬上《いぬかみ》氏など、ヤマト王権でも活躍した有力豪族が存在した。息長氏は近江国坂田郡翁長《おきなが》を本拠とした氏族で、15代応神天皇の孫・意富富杼王《おおほどのおおきみ》を祖とする。意富富杼王は26代継体天皇の曾祖父でもあるので、息長氏は継体天皇と同祖の関係ということになる。6世紀以降の天皇は継体天皇の末裔なので、皇室ともつながりが深い氏族だった。

継体天皇が育った越と息長氏の本拠である坂田郡は、琵琶湖を通じて近しい関係にあった。坂田郡の南にある天野川流域には全長約46メートルの山津照《やまつてる》神社古墳、全長約46メートルの塚の越古墳、全長約51メートルの人塚山古墳などが5世紀末から6世紀後半にかけて築かれている。

現在の滋賀県彦根市とその周辺地域は犬上郡といい、この地を治めた犬上氏は外交官を輩出した一族として知られる。有名なのが第1回遣唐使で大使を務めた犬上御田鍬《みたすき》で、皇帝の太宗と謁見している。

また、近江には早くから渡来人が入植し、開発が進められた。特に白村江《はくそんこう》の戦い（663年）の敗戦後は、百済や高句麗の亡命民が多く近江に住み着いた。近江の渡来系氏族には穴太《あなほ》氏、志賀氏、大友氏などがいる。

令和2年（2020）には黒土遺跡（滋賀県草津市）で国内最古級の鉄製品の鋳造関連遺構が見つかったが、この遺跡から少し離れた榊差《さかきざし》遺跡でも鋳造関連の遺物が発見されている。この地域一帯が鋳造製品の一大産地になった背景には、この地に多く住んでいた渡来系氏族の存在が挙げられる。

丹後《たんご》の豪族

日本海側最大の前方後円墳・網野銚子山古墳《あみのちょうしやまこふん》

独自の交易ルートで繁栄した「丹後王国」

ヤマト王権が全国を平定する以前、日本海沿岸には「国譲り神話」で知られる出雲の他にも大勢力があった。その1つが丹後（現在の京都府北部）で、日本海に突き出た丹後半島で独自の文化圏を形成した。「丹後」は和銅6年（713）、丹波国の5郡を分けて設けた国の名前である。丹波・丹後を「両丹《りょうたん》」と呼ぶこともある。

丹後が栄えた背景には、潟湖《せきこ》の存在がある。外海と隔てられていて波が穏やかなので、古代の船が停泊するには最適な港だった。現在も複数の潟湖が残る丹後半島が国際的な港として栄えたのは、自然の道理であった。弥生時代の函石浜《はこいしはま》遺跡など、潟湖の周辺には集落が形成されていた。

丹後が古代の先進地域だったことは、遺跡から出土した品からも明らかである。弥生時代の遺跡からは、中国の貨幣や日本各地の土器、大陸産の鉄器、ガラス玉などが発見されている。日本列島で本格的な製鉄が始まったのは古墳時代以降だが、丹後ではそれ以前から製鉄が行われていた可能性もある。

弥生時代末期の赤坂今井墳丘墓（京都府京丹後市）は東西約36メートル、南北約39メートルの方形墳丘墓で、玉類計211個を使った豪華な頭飾りなどが出土している。墓は内陸の盆地と海岸平野の交点に位置するため、丹後全域を支配する王墓だったとも考えられる。

巨大な前方後円墳が丹後に現れるのは4世紀に入ってからで、この頃にヤマトへ従属したとみられる。網野銚子山古墳（京都府京丹後市）は日本海側最大の前方後円墳（全長約201メートル）で、神明山古墳《しんめいやま》（京都府京丹後市・全長約190メートル）、蛭子山古墳《えびすやま》（京都府与謝野町《よさの》・全長約145メートル）と合わせて「日本海三大古墳」と称される。令和元年（2019）9月には、網野銚子山古墳の後円部と前方部が交わる「くびれ部」が確認された他、葺石《ふきいし》や埴輪《はにわ》も確認されている。

丹後は古墳時代後半にかけて、急速に没落していく。その理由は諸説あるが、丹後半島が寄港地としての役割を終えたからともいわれる。大型船の登場で、朝鮮から鉄材料を運ぶ船は若狭・敦賀に来港するようになった。丹後は寄港地としての存在意義を失い、衰退していったとみられる。

国内最大規模・岩橋《いわせ》千塚《せんづか》古墳群

紀《き》の豪族

紀伊国造を務めた紀氏のルーツ

紀伊半島の西半分を占める紀伊国は、7世紀に成立した当初は「木国《きのくに》」であった。森林が多く生い茂っているのが由来とされるが、和銅6年（713）に「2文字で国名を表すように」という勅令が出され、「紀伊国」に改められた。神話では、初代神武《じんむ》天皇が大和に入る際、難波から迂回して熊野から上陸している。この時、天からの使いとして八咫烏《やたがらす》がやってきて、一行を大和まで道案内したという。

紀伊を統治した古代豪族が紀氏で、紀伊国の国造を代々受け継いだ。また、和歌山県和歌山市秋月の同一神域に鎮座する日前《ひのくま》神宮・國懸《くにかかす》神宮の祭祀も受け継いでいる。律令制施行で国造制が廃止されてからも紀伊国造を称し、日前神宮・國懸神宮の神職を継承してきた。現在は81代目が宮司を務める。

日前神宮
海上交通の要衝地である淡路島の対岸の地である和歌山県和歌山市にあり、古くからヤマト王権との結びつきが強いことがうかがえる。

社伝によると、高天原《たかまのはら》（天界）で八咫《やたの》鏡《かがみ》がつくられた際、日像鏡《ひがたのかがみ》（日前大神）と日矛鏡《ひぼこのかがみ》（国懸大神）もつくられたという。日前神宮と國懸神宮では、これらをご神体としてそれぞれ祀っている。ご神体の鏡は伊勢神宮に奉置される八咫鏡と同等とされるので、両神宮は朝廷から特別な扱いを受けてきた。

神話では、饒速日命《にぎはやひのみこと》が地上世界を治めるために高天原から降臨したが、その際に日像鏡と日矛鏡を携えて付き従ったのが、初代紀伊国造の天道根命《あまのみちねのみこと》である。地上に降りた天道根命は鏡を祀る場所を探し、紀伊国にたどり着いた。この地に行《あん》宮《ぐう》（一時的な宮）を建てて祭祀を行い、その功から紀伊国造に任じられた。

実際に任じられた最初の紀伊国造は、17代目の紀忍勝《おしかつ》（押勝）と考えられている。583年、百済に日羅《にちら》という優秀な官人がいると聞いた30代敏達《びだつ》天皇は、招聘《しょうへい》のために紀忍勝と吉備海部羽嶋《あまのはしま》を派遣した。しかし、百済王は日羅を手放さず、交渉は決裂。敏達は羽嶋を再度百済に派遣し、ついに日羅の来訪に至ったという。

岩橋千塚古墳群で新たな発見が相次ぐ

和歌山市の東部にある岩橋《いわせ》千塚古墳群は、紀氏の墓と伝えられている。4世紀末から7世紀半ばにかけて600基以上の古墳が築かれ、国内有数の群集墳として知られる。現在は、「和歌山県立紀伊風土記の丘」として史跡整備されている。

前方後円墳が27基、方墳が4基、それ以外はすべて円墳で、一部が国の特別史跡に指定されている。和歌山県にある前方後円墳の半数以上がこの古墳群にあるので、紀伊で最も有力な首長層である紀氏の墓と考えるのが妥当である。

岩橋千塚古墳群では横穴式石室をいち早く取り入れ、紀の川南岸の結晶片岩を部材とする石梁や、石棚を備えた独特の石室を発達させた。全長約86メートルの大日山35号墳では円筒埴輪や家形埴輪の他、翼を広げた鳥形埴輪など、特殊な形象埴輪も多く出土している。

令和4年（2022）、「県立考古民俗博物館（仮称）」建設にともなう事前調査で、新たに4基の古墳が見つかった。このうちの直径16～20メートルと推定される円墳の玄室からは、銀の耳飾りなどの他、馬具が発見されたことから、被葬者は高い身分の人物だったと考えられる。さらに、過去に岩瀬千塚古墳群で出土したとされる大刀の鉄片（6世紀頃の刀身の表面部分とみられる）に、銀象嵌を駆使した文様が見つかったことが発表された。銀象嵌の刀剣は当時の最先端の技術で製作されたもので、ヤマト王権から紀氏に与えられたものと考えられるという。

岩橋千塚古墳群がある紀の川河口付近は、大陸や朝鮮半島との交易の玄関口でもあった。渡来文化が盛んな地域で、和歌山市内には多くの古墳がある。一方で、紀の川中流域や貴志川流域でも多数の古墳が築かれ、「紀伊の飛鳥」と呼ばれる。平池古墳群（和歌山県紀の川市）は平池緑地公園内にある3基の古墳から構成され、1号墳は全長約28メートルの前方後円墳である。

岩橋千塚古墳群
紀の川の河口部にある和歌山平野にあり、27基の前方後円墳、4基の方墳、数百基の円墳で構成されている。

全国第4位の巨大古墳・造山《つくりやま》古墳で新発見
吉備《きび》の豪族

巨大化していった吉備地方の古墳

弥生文化の2大中心地である北部九州と畿内に挟まれた吉備は、現在の岡山県や広島県東部、兵庫県南部、瀬戸内海に浮かぶ島嶼《とうしょ》の一部を支配した勢力である。吉井川、旭川、高梁川《たかはし》という3つの川によって形成された沖積平野に人々が住むようになり、5世紀には地方豪族として最大の勢力を誇った。

吉備が古代社会で存在感を発揮し始めるのは、弥生時代後期に入ってからのこと。2世紀中頃に築かれた楯築《たてつき》墳丘墓（岡山県倉敷市）は墳丘の全長が推定80メートル超で、当時としては国内最大規模の墳丘墓である。

楯築墳丘墓の出土物として注目されるのが、吉備独特の土器である特殊器台《とくしゅきだい》だ。葬送祭祀に用いた装飾性の高い土器で、吉備全域で出土している。特殊器台は西谷《にしだに》墳墓群

造山古墳
全国4位の規模を誇る造山古墳の全長は約350mあり、5世紀前半の築造と考えられている。

（島根県出雲市）でも発見されており、出雲とも政治的なつながりがあったことをうかがわせる。

特殊器台は円筒埴輪の前身とされ、畿内の纒向遺跡に出現する前方後円墳からも出土している。吉備にはヤマトに影響力がある勢力がすでに存在し、ヤマト王権の誕生にもかかわっていたとみられる。

古墳時代には巨大な前方後円墳が相次いで築かれ、最も大きな造山古墳（岡山県岡山市）は全国４位の全長約３５０メートル。上位３基は天皇陵に治定《じじょう》されて立ち入れないので、墳丘に登って見学できる古墳の中では最も大きい。墳丘は３段築成で、後円部の直径は約１９０メートル、高さは約31メートル。墳丘の斜面は葺石《ふきいし》で覆われており、円筒埴輪列がめぐっている。被葬者は吉備の大首長とみられるが、大王墓とする意見もある。

造山古墳には千足《せんぞく》古墳や榊山《さかきやま》古墳など6基の陪塚《ばいちょう》があるが、いずれも重要な役割を果たしている。榊山古墳からは、朝鮮半島から伝えられたとされる馬形帯鉤《たいこう》（バックル）が発見された。また、千足古墳には九州から伝わった形式の横穴式石室が2つあり、片方には直弧文《ちょっこもん》（直線と円弧を組み合わせた文様）を彫刻した「石障《せきしょう》」がある。他にも、阿蘇《あそ》溶結凝灰岩《ようけつぎょうかいがん》という九州の石材を用いたものもあり、古墳がさまざまな地域とつながっていたことを示している。

造山古墳での新発見で吉備の実態が明らかに

巨大前方後円墳の全容を知るため、造山古墳の調査には最先端の技術が投入されている。平成21年（2009）からは岡山大学の調査チームが3年計画で発掘調査を行い、後円部東側から周濠の存在が確認された。畿内の百舌鳥《もず》・古市《ふるいち》古墳群に比べると規模は小さいが、畿内と同じ様式を有していたことが確認できる。

平成27年（2015）から始められた、10年程度をかけた墳丘周辺部の発掘調査では、令和4年（2022）11月に大きな発見が発表された。後円部の墳頂から埋葬施設

造山古墳の発掘調査
令和4年（2022）に後円部の墳頂で行われた発掘調査では、石室の石材と考えられる5つの石が出土した。
共同通信社 提供

にともなうとみられる複数の板状の石が見つかったのである。中央部の土の中から並ぶように出土した板状の石は吉備の大型古墳の石室に用いられた香川県の古銅輝石安山岩《こどうきせきあんざんがん》とみられる。これらの石は石室の天井や壁に積み上げられた石の一部の可能性もあり、新たな石室の発見も期待される。さらに、令和５年（２０２３）１月には、埋葬施設の一部とみられる石が見つかっている。

　令和３年（２０２１）からは、近年、遺跡調査に用いられるようになった最新技術である「ミューオン透過法」による調査が始められた。「ミューオン」は宇宙から降り注ぐ素粒子の

1種で、その透過具合によって、レントゲン写真のように内部を調べることができる。令和5年6月、ミューオン透過法によって後円部の地表面から約1・5～2メートルのところに空洞があることが報告された。これが新たな石室であるかはわかっていないが、今後の調査で巨大古墳の内部構造の謎の解明が期待される。

強大な勢力を有した吉備氏の栄枯盛衰

吉備には造山古墳の他、全長約282メートルの作山《つくりやま》古墳（岡山県総社市）、現在も濠の一部が残る両宮山《りょうぐうざん》古墳（岡山県赤磐《あかいわ》市）などがある。巨大古墳がいくつもあったということは、この地に強大な勢力が存在していたと考えて差し支えない。

吉備が栄えた背景には、恵まれた地理条件があったと考えられる。瀬戸内は海や山の幸が豊富な地域で、吉備では海部《あまべ》と呼ばれる人たちが水産業で活躍していた。特に製塩業が盛んで、製塩土器も多数出土している。中国地方では鉄生産が盛んで、これも吉備の勢力拡大を後押ししたとされる。

吉備は瀬戸内航路の要衝に位置し、吉備津という良港があった。4世紀以降、ヤマト王権が朝鮮半島に進出すると多くの船が寄港し、吉備の人たちも交易を行ったと考えられる。

両宮山古墳
5世紀後半の前方後円墳で、墳丘長は約206mある。2000年代に行われた調査では、2重の周濠を持っていることがわかった。

吉備地方を支配した「吉備氏」は、吉備系諸氏族の総称とする説と、単一の氏族から上道《かみつみち》氏や下道《しもつみち》氏などの支族が生まれたという説がある。中央勢力とのつながりも深く、記紀には吉備氏の関係者が国内平定や対朝鮮外交で活躍した記述や反乱伝承などがある。

吉備はヤマト王権に負けない実力を有していたが、造山古墳や作山古墳をピークに、古墳の規模が徐々に縮小していく。時期を同じくして、『日本書紀』には吉備氏の「反乱」のエピソードが相次いで登場する。これらのことから5世紀後半までにはヤマト王権の支配下となり、吉備の独立性は失われていったと考えられる。

反乱を起こした首長の墓・岩戸山古墳《いわとやま》
筑紫《つくし》の豪族

九州勢力が起こしたヤマト王権への反乱

弥生時代の北部九州は大陸や朝鮮半島と交わり、大いに栄えた。江戸時代に福岡県の志賀島《しかのしま》で出土した「漢委奴国王《かんのわのなのこくおう》」の印など、豊かな遺物が交流を伝える。しかし、古墳時代に入るとヤマト王権が九州にも進出し、かつての繁栄は徐々に陰っていった。こうした中で起きたのが、古代日本列島を揺るがせた「磐井《いわい》の乱」である。

『日本書紀』では、磐井の乱について次のように記している。21代継体天皇の時代の527年、近江毛野《けぬ》が6万の兵を率いて任那《みまな》に向かい、新羅《しらぎ》に破られた南加羅《から》・喙己呑《とくことん》の再興をはかることになった。これに対し、新羅は磐井に賄賂を贈り、毛野の軍の妨害を要請した。磐井は挙兵して肥《ひ》（火《ひ》）の国（肥前《ひぜん》・肥後《ひご》）と豊《とよ》の国（豊前《ぶぜん》・豊後《ぶんご》）を制し、海路を封鎖して毛野軍の進軍を阻んだ。継体天皇は物部麤鹿火《もののべのあらかひ》を九州に派遣し、筑紫三井《みい》郡で交戦する。激しい戦闘の末に磐井軍は敗れ、磐井は殺害された。

『筑後国風土記』では「筑紫君磐井《つくしのきみ》」、『古事記』では「竺紫君石井《ちくしのきみいわい》」など、磐井の呼び名は史料により異なる。『日本書紀』では磐井の官職を筑紫国造《くにのみやつこ》としているが、筑紫君氏の国造就任は、磐井の乱の後だったとみられる。「国造」は朝廷が定めて任命した官職だが、「君」は土着的な在地首長という意味合いが強い。正史として整った『日本書紀』よりも『風土記』などのほうが本来の伝承をとどめている可能性が高いので、磐井が筑紫の「君主」だったことが想定できる。

磐井が反旗を翻した理由について、「朝鮮半島への朝廷軍派遣のたびに身銭を切らされた九州の豪族たちが、堪忍袋の緒《お》が切れて反乱を起こした」という見方もある。磐井が北部九州の王だったとすれば、九州の同胞たちのために立ち上がったということになる。

岩戸山古墳の特異性が磐井の存在感を示す

磐井が北部九州の王であったことを裏付ける発見が、令和2年（2020）にあった。福岡県古賀市の船原《ふなばる》古墳で、6世紀末から7世紀初頭の玉虫の羽をデザインした装飾品が付けられた金銅製の馬具が出土したのである。

同様の馬具は朝鮮半島の新羅の王墓クラスで出土している。現存する玉虫装飾品は極めて少なく、馬具に施されたものは初である。玉虫装飾は新羅の工人（技術者）が持っていた特殊な技術であり、古墳時代の北部九州と新羅に密接なつながりがあったことが裏付けられたといえる。一方、ヤマト王権は同じ朝鮮半島国家でも百済《くだら》との関係が深く、対立性も感じられる。その後も朝鮮半島からの舶載品《はくさい》とされる鉄冑《てつかぶと》が出土するなど、船原古墳では新たな発見が相次いでいる。

福岡県八女市《やめ》にある岩戸山古墳は、磐井の墓とほぼ断定されている。文献から被葬者と築造時期が推定できる希少な古墳で、墳丘長は約135メートル。外堤も含めると約170メートルで、九州では屈指の規模を誇る前方後円墳である。同時代の天皇陵に匹敵する規模だったことから、磐井はヤマト王権とは一線を画する政権の長だったと考えられる。

岩戸山古墳の特異性を表しているのが、100点以上の石人《せきじん》・石馬《せきば》である。人物（甲冑《かっちゅう》を着装した武人など）や動物（馬、猪、鶏など）、器財（盾、刀、壺、蓋《ふた》など）を石材で象《かたど》ったもので、石材は阿蘇溶結凝灰岩《あそようけつぎょうかいがん》が用いられている。

石人には前腕がなく、石馬には首がない。これについて『筑後国風土記』逸文は、磐井討伐に来た官軍兵士が磐井の逃亡を知って、腹立ちまぎれに石人の腕を切り落とし、石馬の首をはねた旨が記されている。

『日本書紀』は磐井が反乱を起こした旨を記すが、『筑後国風土記』逸文は「磐井がなかなか王権に従おうとしないので、一方的に軍勢を向けた」と伝える。反乱を起こして討伐されたのか、あるいは、邪魔者だから排除されたのか、真相は謎に包まれている。

岩戸山古墳
6世紀に磐井の乱を起こした磐井の墓とされる古墳で、墳丘長は約135mある。

船原古墳
令和2年(2020)に玉虫の羽をデザインした装飾品が発見され、新羅との深い結びつきがあることが指摘されている。

天皇家の故郷・西都原《さいとばる》古墳群

日向《ひむか》の豪族

西都原古墳群が語る日向勢力の強大さ

現在の宮崎県にあたる日向では、ヤマト王権との関係性がうかがえる発見が相次いでいる。平成28年（２０１６）、宮崎県えびの市にある島内１３９号地下式横穴墓から、銀の象嵌《ぞうがん》で波状の線が施された鉄製の鍛冶《かじ》道具が2点見つかったことが発表された。鉄をつかむ全長約15センチの鉄鉗《かなはし》と、鉄を加工する全長約20センチの鏨《のみ》状の工具で、太陽を示す日輪を表す文様も施されていた。象嵌を施した大刀や馬具の出土例は過去にもあるが、鍛冶道具は初めてのことだ。この出土から、１３９号墓の被葬者が鍛冶集団を統括する人物だったとみることもできる。

１３９号墓では、弓矢を収納して腰に下げる武具の木製底板がほぼそのままの形状で見つかっている。底板は平成26年（２０１４）に発掘されたもので、被葬者がヤマト王

生目古墳群

宮崎市街地の西部にあり、8基の前方後円墳、42基の円墳が現存し、消失したものを含めると100基以上の古墳があったと推測されている。

権の重要人物から譲り受けたと考えられる。

　日向に古墳がつくられ始めたのは畿内の大和《おおやまと》古墳群に前後する時代で、箸墓《はしはか》古墳がつくられた少し後の頃にあたる。日向には独自の勢力があったとされるが、最初に「王国」といえるだけの力を備えたのが、宮崎平野に広がる生目《いきめ》古墳群の主だった。古墳時代初期の段階で100メートル級の前方後円墳が3基もあり、九州南部でも屈指の勢力だったとみられる。

　やがて生目古墳群の「王」を凌駕する強力な「王」として、九州最大の前方後円墳である女狭穂塚《めさほづか》古墳の主が登場する。全長は約176メートル、5世紀前半の築造とされ、宮崎県のほぼ中央部に位置する西都原古墳群の盟主的存在である。隣接する男《お》狭穂塚《さほづか》古墳も全長約154メートルと大規模で、この地に強大な勢力が存在していたとうかがわせる。

女狭穂塚古墳はくびれの部分の造出《つくりだ》し（古墳の墳丘につくられたステージ状の施設）の形状などから、仲津山《なかつやま》古墳（大阪府藤井寺市）を約60パーセント縮小した相似墳だと考えられている。5世紀の天皇陵に基づいてつくられた墳墓の存在は、女狭穂塚古墳の主がヤマト王権の強力なバックアップを受け、王座に君臨していたことを示している。

大王家の外戚となった日向諸県君《もろかたのきみ》の正体

ヤマトから遠く離れた日向に強大な勢力があったのは、この地が天孫降臨の舞台だったからに他ならない。天照大神《あまてらすおおみかみ》の命を受けた孫の瓊瓊杵尊《ににぎのみこと》が高天原《たかまのはら》から日向の高千穂峰に降臨し、子孫の神武天皇が東征して大和に入ったとされる。つまり、日向はヤマト王権の発祥の地でもあるのだ。

九州にはヤマト王権に抵抗する熊襲《くまそ》や隼人《はやと》などの勢力があったが、日向は討伐の前線拠点だったと考えられる。『日本書紀』にも、12代景行天皇が熊襲討伐のために九州へ赴き、日向に6年滞在して熊襲を平定したという記述がある。軍事的な面でも、日向は重要な場所であった。

日向とヤマト王権は深い関係にあったと推測されるが、大王家と姻戚関係で結びついて栄えた地方豪族が、日向国諸県《もろあがた》郡を本拠とする日向諸県君だった。『日本書紀』には、九州に遠征中の12代景行天皇を諸県君泉媛《いずみひめ》が迎え、大御饗《おおみあえ》（飲食物）を献上したという記述がある。

女狭穂塚古墳（下）と男狭穂塚古墳（上）
女狭穂塚古墳は、九州最大の前方後円墳で全長は約176m。男狭穂塚古墳は全長約154mで、国内最大の帆立貝形古墳ともいわれる。
国土地理院 提供

景行天皇は日向髪長大田根媛《かみながおおたねひめ》を妃とし、15代応神天皇も日向泉長媛《いずみのながひめ》を妃としている。さらに、応神天皇は美人と名高い日向の髪長《かみなが》媛《ひめ》を召したが、途中で皇子の大鷦鷯尊《おおさざきのみこと》（後の16代仁徳天皇）が見初《みそ》め、妃にしたという伝承がある。2人の間には大草香《おおくさか》皇子が生まれたが、後に20代安康天皇に暗殺された。

記紀などの文献に具体名として登場する日向の支配者は、髪長媛の父・諸県君牛諸井《うしもろい》だけである。そのため、女狭穂塚古墳の被葬者を髪長媛、男狭穂塚古墳の被葬者を諸県君牛諸井とする説もある。

江《え》田《た》船《ふな》山《やま》古墳に続いて２例目の銘鉄剣が出土

肥《ひ》(火《ひ》)の豪族

朝廷が地方豪族に鉄刀を配布していた!?

令和４年（２０２２）、熊本城（熊本県熊本市）の敷地内にある古墳時代の横穴墓群で長さ約55センチの鉄刀が発見された。この場所は、かつてＮＨＫ熊本放送局があったところで、跡地調査の際に鉄刀が出土した。鉄刀の表面は、錆《さび》と欠損した木製の鞘《さや》で覆われていた。

その後、鉄刀は熊本大学によってＸ線ＣＴスキャン調査が行われた。令和５年（２０２３）、鉄刀の表面に６文字の象嵌が施されていることが発表された。その銘文には「甲子《こうし》年五月中」とあり、干支《えと》の年号が刻まれていた。銘文が刻まれた鉄剣（銘鉄剣）は全国で８例しかなく、干支の年号を持つ鉄剣では４例目となる大発見だった。刀の形式などから該当する「甲子年」は、６０４年と考えられる。

604年は33代推古《すいこ》天皇の即位12年で、蘇我馬子や聖徳太子（厩戸皇子《うまやと》）が中心となって政治改革が行われていた時代だった。兵庫県養父《やぶ》市の箕谷《みいだに》2号墳で出土した鉄刀には「戊辰《ぼしん》年五月中」と刻まれているが、熊本で発見された鉄刀はこれによく似ている。「戊辰年五月中」は西暦608年を示しているとされ、当時の朝廷が、地方豪族に似たタイプの鉄刀を配布していたとみられる。

九州西部に広がった「火の国」の国土

古代の熊本県は佐賀県、長崎県と共に「火国（肥国）」の一部であった。この地が「火国」と呼ばれるようになったのは、景行天皇が不知火《しらぬい》（海上に現れる不思議な光）に導かれて八代《やつしろ》県の豊村《とよむら》に上陸できたのが由来である（『日本書紀』）。「火」を「肥」に改めたのは、豊穣を祈る思想によるものと考えられる。天武・持統朝の頃に、肥前（佐賀・長崎）と肥後（熊本）に分国した。

この火国を治めたとされるのが肥（火）氏で、君（公）の姓《かばね》から「火君《ひのきみ》」と呼ばれることが多い。『古事記』では神八井耳命《かむやいみみのみこと》の後裔として紹介されている。『肥前国風土記』総記には、10代崇神天皇が肥（火）君の祖である建緒組《たけおぐみ》を遣わして、肥後国益城《ましき》郡朝来名峰《あさくなのみね》の「土蜘蛛《つちぐも》」を滅ぼしたという記述がある。

肥（火）君の本拠地は熊本県氷川町にある野津《のづ》古墳群周辺とみられ、肥後国が中心だが、肥前国や筑前国、筑後国にも分布していた。八代海や有明海などを通じて、中央のヤマト王権や各地の有力者との関係を深めた。

肥（火）君一族は装飾古墳や石製装飾品など、北部九州と同様の古墳文化を育みながら勢力を保った。6世紀前半に起きた磐井の乱では磐井の側につき、敗戦後は天皇家の直轄領である屯倉《みやけ》が設置された。これは、ヤマト王権による支配がさらに強まったことを示している。

一方で、肥（火）君は磐井の乱後も勢力を保ち続けたという見方もある。熊本県氷川町にある野津古墳群の古墳は、6世紀前半から中頃にかけての築造と推定される。現存する4基の前方後円墳は墳丘長が60～100メートルほどで、被葬者を肥（火）君とする説もある。

『釈日本紀《しゃくにほんぎ》』所引『筑後国風土記』逸文には、次のような話がある。筑前・筑後の国境に荒ぶる神がいて、通行人の命を奪っていた。そこで、筑紫君と肥（火）君らが占い、筑紫君などの祖である甕依姫《みかよりひめ》に祀らせた。すると、通行人に神による被害がなくなったという。スピリチュアルなエピソードが多いのも、肥（火）君の特徴の1つである。

第6章

検証 キーワードで読む巨大古墳の正体

インタビュー

いまだ発見されていない労働者施設の謎

取材・文／郡麻江

堺市博物館 学芸員
白神典之（しらかみ・のりゆき）
昭和34年（1959）兵庫県生まれ。関西大学文学部卒業。堺市役所入庁後、埋蔵文化財、世界遺産登録、博物館関係の業務に従事。専門分野は日本考古学。主な論文に、『大阪府立近つ飛鳥博物館 館報』15「仁徳天皇陵古墳前方部の埋葬施設について」、『堺市博物館研究報告』第33号「「堺」地名起源考―埋蔵文化財からの回答―」、『埴輪論叢』第7号「埴輪の終い―日置荘埴輪窯を中心として―」などがある。

国内最大、現在では墳丘長500メートルを超えるとされる仁徳《にんとく》天皇陵古墳は、世界遺産としても広く注目を集めるが、重機もない時代にこれだけの巨大な墳丘を築造したのは、間違いなく「人」である。しかし、古墳をつくった人々＝「労働者」については、いまだわからないことが多い。国家的プロジェクトといってもよい巨大古墳築造を支えた主役、労働者たちの謎について堺市博物館学芸員の白神典之氏にうかがった。

海路でやってくる訪問者を睥睨《へいげい》するように、沿岸部に並び立つ巨大古墳

仁徳天皇陵古墳をはじめ、百舌鳥《もず》・古市《ふるいち》古墳群には、計200基以上が築造されまし

たが、墳丘長200メートルを超える巨大古墳が11基もあります。世界遺産になった同古墳群は、5世紀を中心に古墳が築かれましたが、この時代はちょうど倭の五王が活躍した時代と重なっています。

なぜ、古墳はどんどん巨大化していったのか。その理由の1つは、国をまとめていくために必要不可欠だったということ。国家成立の直前、大王を中心とした求心力を持つ中央集権体制に力強く移行していくにあたって、人心に王の権威と力を示すためのモニュメントが必要でした。そのモニュメントが巨大古墳だったのです。

また、百舌鳥古墳群では巨大古墳が沿岸部に多く築造されました。他の地域でも沿岸部にも築造された巨大古墳があり、有名なところでは4世紀後半に築かれた五色塚《ごしきづか》古墳（兵庫県神戸市）が挙げられます。全長約194メートルを誇る兵庫県下最大の前方後円墳で、明石海峡から淡路島を一望にできる高台に築かれた雄大な一基です。

しかし五色塚古墳と百舌鳥古墳群の大王墓とでは、その築造の目的がそもそも異なっていました。五色塚古墳は、瀬戸内の海上交通を掌握したリーダーの墓であり、自身が治めていた海峡と土地を見渡すような場所に築造され、死後も自分が統治した民にその力を示し続けるという目的があったと考えられます。

百舌鳥古墳群の大王墓も、もちろん人々の視線を意識していたはずですが、それだけではなく、国内の他地域の豪族たち、さらには大陸や半島からやってくる渡来系の人々の「目」を意識したのではないでしょうか。

仁徳天皇陵古墳と履中《りちゅう》天皇陵古墳、そして反正《はんぜい》天皇陵古墳の３基は、海岸線のすぐ近くの台地の上に、後円部を北にして南北に縦一列に並び、墳丘の最も長いラインを海側に見せつけるように築造されています。この時代はすでに海上交通が盛んだったので、瀬戸内海から大阪湾に入った船上の人々は、前方に誇らしげに並ぶ壮大な古墳を目の当たりにしたことでしょう。巨大古墳の築造には、単なる個人＝地域の首長ではなく、この国を統治するヤマト王権としての巨大な力、強い国家が建設されたことを国内外に強烈に印象づける目的があったのでしょう。

1日最大2000人の労働力を、どこからどのように確保したのか

対豪族、対国際社会へのヤマト王権のアピールを担った巨大古墳ですが、ここに大きな謎が隠されています。一体、誰がどのようにして、このような巨大な古墳を実際に築造したのかという問題があります。

ある試算によると、仁徳天皇陵古墳の墳丘の盛り土の量が10トンダンプカーで約27万台分必要で、完成までに１日最大２０００人が働いて、15年以上の歳月がかかったとい

われています。さらに古墳に配置された円筒埴輪は2万本とも、3万本ともいわれており、想像を絶するような労働力が投入されたことは明らかです。

1日最大2000人が稼働していたとして、その労働力は一体、どこから得たのでしょうか。一説には全国各地から労働力として呼び寄せられたといわれていますが、果たしてそうなのでしょうか。

仮に1日2000人の労働力があったとして、古代の住居である竪穴住居1棟に5人が暮らしたとしても、400棟が必要になります。しかし、百舌鳥地域でそれに見合う大規模な集落跡は現在も確認されていません。仮に労働者キャンプのような施設をつくったとしても、遠方から来た人々が使用したはずの、例えば、九州系や北陸系、東海系などの大量の土器もほとんど見つかっていません。

通いで古墳築造に貢献。地元主体のチーム編成の可能性も

これはあくまで仮説ですが、近隣の人々を中心に築造チームが編成されたのではないかと考えるほうが、もしかすると理にかなっているかもしれません。

まず、百舌鳥古墳群の近隣に巨大な集落跡が見つかっていないということは、「通える範囲に住まう人々が築造チームの中心だった」という説明ができるでしょう。また、

日本最大の前方後円墳である仁徳天皇陵古墳をはじめ、数々の巨大古墳が築造された百舌鳥古墳群。実際に築造にかかわった人々はどこから来たのだろうか。

明石海峡と淡路島を見渡すように海際に築造された五色塚古墳は、墳丘長約194mを誇る兵庫県最大の前方後円墳である。

百舌鳥古墳群が築造された5世紀頃は、全国的に各地で古墳が築造されており、その土地ごとに労働力が必要だったはずで、いくら大王の墓を築くといっても、他地域からそれほどの多くの人手を調達するのは難しかったのではないでしょうか。

堺の昔の集落の状況を調べていくと、令制国でいう「郡」の下部に最初「里」が置かれ、それは後に「郷」とよばれ、その下部に複数の「里」が置かれることもあったようです。『倭名類聚抄《わみょうるいじゅしょう》』という平安時代の書物の中に「郷」が書かれているのですが、奈良時代、飛鳥時代、そして古墳時代へとさかのぼって、この地に住み着いた人々がいたと考えても支障はないでしょう。

『倭名類聚抄』によると、仁徳天皇陵古墳からさほど遠くない地域に塩穴郷、石津郷、大鳥郷、日部郷、蜂田郷など10程度の「郷」が確認できます。

仮に1つの郷から200人の労働力が得られるとして、5つの「郷」を合わせれば1000人の労働力が捻出できます。おそらく古墳の築造は農業の忙しい時期ではなく、農閑期のみに行ったと私は考えています。野外の仕事がない時期ならば、男性はもちろん、女性や子どもも小さな石を運ぶなどは手伝えたはずですし、一家総出で季節労働をしたという仮説も成り立ちます。

農閑期に従事する「魅力ある仕事」だった可能性

堺という土地は古くは和泉国、摂津国、河内国の3つの国が隣接していますから、それぞれの地域から労働力が見込めたはずです。『倭名類聚抄』に記された10の「郷」以外からもさらに人手を集めることができたと思われますし、単純計算しても1日200 0人の労働力の投入はさほど難しくなかったでしょう。

古代人の足で、徒歩1時間半~2時間くらいなら十分通うことができますし、日の出から日の入り前まで築造現場で働き、夕べになると家に帰る。そうであれば大規模キャンプ施設のようなものは不要となり、そうした遺跡が見つからないことの説明もつきます。もちろんこれはあくまで仮説の1つですが、こういう計算も成り立つということです。

次に労働に対する対価について考えてみましょう。まず、古墳の築造は労働力が集まればすぐにできるものではありません。工事のための道具や資材も必要ですし、何よりその人たちのエネルギーとなる食糧の調達が必須となります。

全くの想像ですが、例えば、築造現場で朝と昼の食事を提供してもらえたとすると、労働者の側にも相当のメリットがあったのではないでしょうか。

農閑期は繁忙期に蓄えた食糧を食べ崩していく他ありません。そんな中、古墳工事に

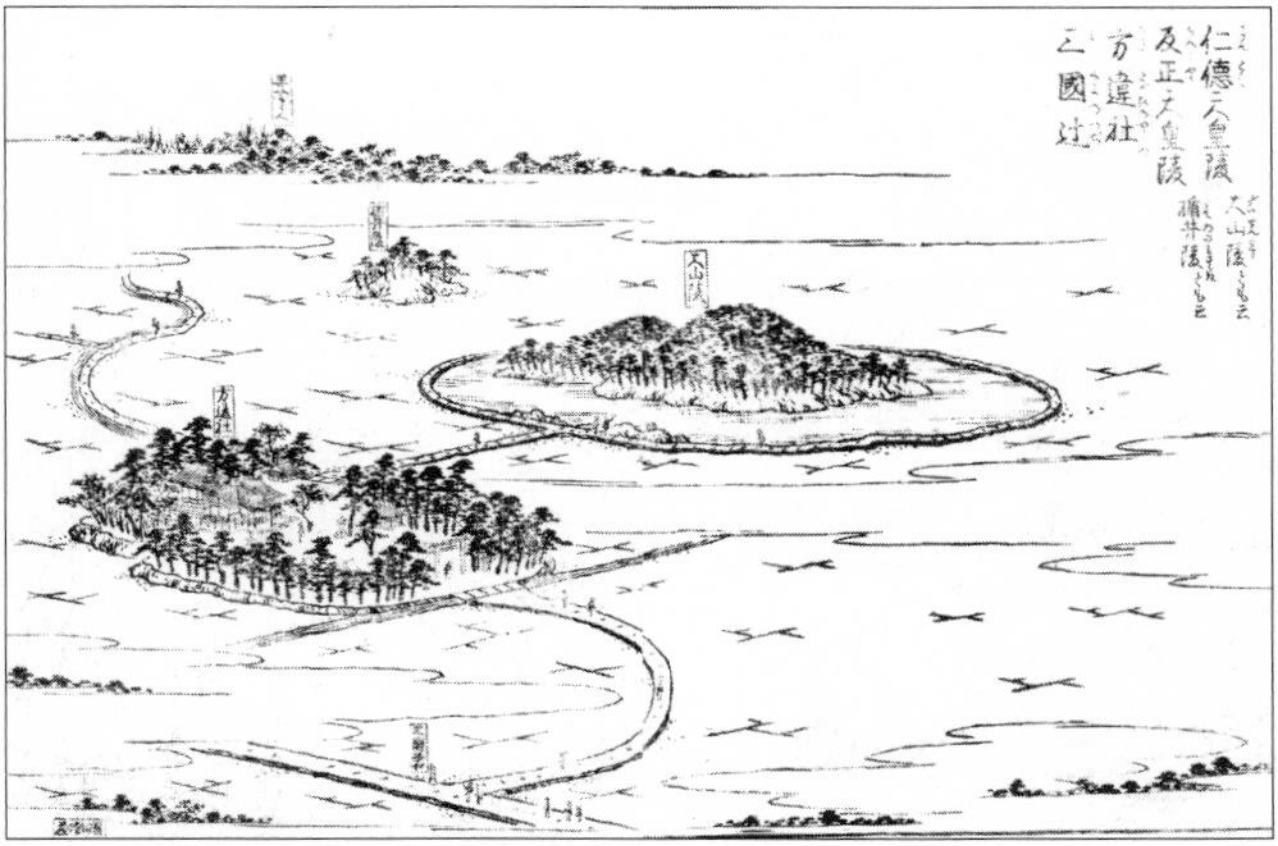

寛政8年（1796）に刊行された『和泉名所図会』に描かれた仁徳天皇陵古墳。実際には反正天皇陵を描いたと思われる。左下には、和泉国・摂津国・河内国の交差点である「三国辻（みくにのつじ）」がある。
国立国会図書館 提供

かかわれば家族全員、もしくは家族のうち、重労働の働き手になる人だけでも1日2食を王権側が与えてくれるのであれば、生活はかなり助かるはずです。もしかするととても美味しい食事だったかもしれませんし、ピラミッド築造の褒美であったビールのように、それを楽しみに毎年、工事に参加するという人たちもいたかもしれません。

いずれにせよ、古墳の築造を知る上で、築造にかかわった人々の実態について考えることは非常に重要です。今後、調査がさらに進んで、新たな遺跡などが発見されれば、この問題の解明につながっていくでしょう。今後の調査に期待したいと思います。

Column 1

百舌鳥古墳群の築造に関与？・土師《はぜ》遺跡

大阪府堺市中区に位置する土師遺跡は、古墳時代中期を中心とした時期の集落遺跡だ。竪穴住居跡などが数棟ずつまとまって見つかり、子持ち勾玉《まがたま》や、鉄を製錬した際の不純物の鉄滓《てっさい》などが出土している。この集落は5世紀前半に出現し、6世紀中頃に消滅したことがわかっており、その時期がちょうど百舌鳥古墳群の築造時期に重なることから、土師遺跡は百舌鳥古墳群の築造に何らかの形でかかわった集落と考えられてきた。

「しかし、この遺跡の規模からうかがえる作業員だけでは、巨大古墳群の築造にはとても追いつかないでしょう。どちらかといえば、この集落は作業員のためではなく道具の調達を担っていたのでしょう。集落跡がもっと多数見つかれば古墳築造の前線基地の実態が見えてくると思います」（白神氏）

土師遺跡の集落を区画する大溝からが出土した大型の円筒埴輪。
堺市文化財課 提供

Column 2

古墳築造の資材置き場があった?· 津堂遺跡

7棟の掘立柱建物跡は、津堂城山古墳の築造に必要な資材などを保管した倉庫群ではないか考えられている。
大阪府教育委員会 提供

令和4年(2022)3月、大阪府藤井寺市の津堂遺跡で、4世紀後半の倉庫跡とも考えられる建物跡が発掘された。掘立柱《ほったてばしら》の建物跡7棟が並んでおり、遺跡からほど近い、古市古墳群の巨大古墳の1つ、津堂城山古墳の築造に必要な資材などを保管した倉庫群ではないかといわれている。ここで見つかった土器が津堂城山古墳とものと同時期の4世紀後半のものということも判明し、古墳をつくる時だけ使った倉庫ではないかという説もある。「こういった建物はおそらく百舌鳥古墳群にもあったはずで、資材倉庫、もしくは現場監督が滞在する管理棟だった可能性もあるでしょう」(白神氏)

貴重な鉱物で赤色に染められた石室の謎

なぜ石室内部は「朱」で染められたのか

魔除けの意味が込められていた「赤」

神社の鳥居や地蔵の前掛けなど、日本では歴史や民俗の中に「赤色」がよく用いられている。被葬者が眠る古墳の石室にも、赤色が随所に見られる。

大王の墓の可能性が指摘されている桜《さくら》井《い》茶臼山《ちゃうすやま》古墳（奈良県桜井市）の竪穴式石室も、壁や天井が赤色塗料の水銀朱で真っ赤に塗られていた。石材の見えない部分まで塗られており、水銀朱の使用量は200キロを超えるという。同時期の巨大古墳の多くは宮内庁の管理下で原則非公開になっているが、同じように赤く塗られていた可能性が高い。

石室が赤く塗られたのは、厄除けや魔除けのためだったと考えられる。赤色は太陽や炎、血液を連想させ、古くから生命を象徴する色とされた。『古事記』にも、「悪霊邪気を祓《はら》うため、赤土を床に撒き散らした」という記述がある。縄文時代の遺跡でも赤色の彩色が施された遺物が発掘されており、古くから赤色が用いられたことがうかがえる。古墳の石室への赤色顔料の塗布にも、魔除けや信仰的な意味合いが込められていた。4世紀から5世紀は赤色の風習の盛期で、前期古墳のほとんどに何かしらの形で赤色顔料が用いられた。人物埴輪《はにわ》の目や口の周りが赤く塗られていたこともあったが、これは

桜井茶臼山古墳の石室
奈良県桜井市にある桜井茶臼山古墳の石室は、目に見えない部分まで朱色が塗られ、水銀朱の総量は200kgを超えると推定される。
毎日新聞社 提供

魔物や悪い気が入ってくるのを防ぐためだったともいわれる。現在はお化粧に用いられる口紅も、元をたどれば「魔除け」だった。

古墳時代によく使われた赤色顔料は「朱」と「ベンガラ」で、朱の原料となる丹《に》（辰砂《しんしゃ》）は硫化水銀（水銀と硫黄の化合物）からなる鉱物である。顔料の色は粒子の形状や粒度によって変化するが、朱は粒度によって色が変わる。

ベンガラは主成分が赤鉄鉱《せきてっこう》（酸化第二鉄）の赤色顔料で、赤鉄鉱を粉砕したり、黄土《おうど》を加熱したりすることで得られる。九州ではベンガラの材料となる阿蘇黄土が手に入りやすかったので、装飾古墳などに用いられた。赤く塗られた古墳の埋葬施設を調べると、朱とベンガラが両方検出されたケースがほとんどである。

赤色を信仰する文化は古墳がつくられなくなってからも続き、仏教寺院でも赤色が随所に用いられた。江戸時代に疱瘡《ほうそう》や麻疹《はしか》が流行った際には、人々がすがるような思いで赤摺《あかず》りのまじない絵（疱瘡絵）を買い求めたという。

水銀の鉱山を確保して勢力を拡げたヤマト王権

水銀は仏像制作における金メッキの触媒として用いられた他、中国では不老長寿の霊薬として珍重された。中華を統一した秦の始皇帝も日常的に服用し、結果的に寿命を縮めたという話はよく知られている。

古代日本の鉱物資源といえば糸魚川《いといがわ》産のヒスイが有名だが、水銀の産出国でもあった。中国の歴史書『魏志』倭人伝には、倭人の習俗として「朱丹《しゅたん》を体に塗っており、これは中国における白粉《おしろい》のようなものである」と記されている。「山には丹がある」と述べており、日本列島で水銀が産出していたことをうかがわせる。

初代神武天皇は九州から大和に入る時、紀伊半島の南端を経由して熊野から北上している。遠回りして熊野地方南東部に至ったのは、この地にある鉱物資源を獲得する狙いがあったともいわれる。熊野地方には、水銀朱を示す「丹」がついた地名が多くある。

丹（辰砂）
丹は硫化水銀からなる自然水銀で、赤色顔料である「朱」の原料となった。

日本列島における水銀の鉱脈は、近畿から四国にかけての大地溝帯（フォッサマグナ）にある。有名なのが奈良県宇陀《うだ》市にある大和水銀鉱山で、『万葉集』にも詠まれている。神武天皇の東征では宇陀で激戦が繰り広げられたが、あるいは鉱物資源をめぐる戦いだったのかもしれない。水銀の鉱山を確保したヤマト王権は、それを背景に勢力を拡げていったとみられる。

なぜ石室は「竪穴式」から「横穴式」になったのか

異なる機能を持つ2つの石室の種類

被葬者を封じるため設けられた竪穴式石室

多くの古墳で墳丘を見ることができるが、内部が見学可能な古墳はそれほど多くない。古墳の内部には被葬者を安置する場所があり、考古学の世界では「埋葬施設」「主体部」と呼ばれる。被葬者の埋葬施設は多くの場合、古墳の墳丘の中心近くに設けられた。構造は時代によって異なるが、被葬者の遺体を納める「棺」、棺を覆う「槨《かく》」、槨を保護する「石室」という3重構造になっている。

日本列島で古墳が築かれるようになった頃、つくられていたのは竪穴式《たてあな》石室だった。盛り上がった墳丘の上部に大きな竪穴（墓坑）を掘り、底部に板石を敷くなどして基盤にした。中央部には棺を支える粘土の台（粘土棺床《かんしょう》）をつくり、被葬者の遺体を棺の中に納めた。そして、扁平な板石で四方を積み重ねて壁体とし、大きな天井石を並べて封鎖した。その上を粘土で覆って密閉し、最後は土をかぶせて完成となる。積み上げられる石の量は膨大で、総量は数トンになる場合もある。

まるで棺から死者が出てくるのを阻止するかのような念の入れようだが、これは当時の被葬者の特徴が関係している。古墳時代前期の指導者は宗教的な権威を持つ司祭者的な人たちで、彼らは呪術によって国を治めた。そのため、「被葬者がこの世に甦り、悪い呪術を使うのではないか」と恐れられ、遺体を厳重に埋葬したのである。

初期の竪穴式石室は、板状の石を少しずつ内側にずらしながら壁を積んでいった。天井が狭くなるので、大きな天井石をのせる必要はなかった。その後、壁石は垂直に積まれるようになり、天井石も巨大化していった。当初は「墳丘の築造→葬儀」という流れだったが、5世紀に入ると、最初に竪穴式石室を設けて葬儀を済ませ、それから墳丘を盛る形式も見られるようになった。

石室に表された古代日本の死生観

6世紀に入ると、墳丘の横から穴を開け、棺を納める横穴式石室が主流になった。棺がある玄室と入り口に通じる羨道《せんどう》（玄室と外部とを結ぶ通路）からなり、入り口を開ければ追葬をすることができた。そのため、古墳の石室は「閉ざされた空間」ではなくなった。

石室の構造が変化した背景には、古墳時代の支配者の変容も関係している。竪穴式石室の頃は呪術的な要素を持つ者が統治していたが、次第に武人的な性格を持った者へと変わっていった。これは、古墳で出土した副葬品の特徴からも判断できる。

死者に対する価値観も変わり、「封じ込めなければならない存在」ではなくなった。横穴式石室では須恵器《すえき》や土師器《はじき》などの生活必需品が副葬されていることから、死後も古墳内で生活することが意識されていたとみられる。また、後で追葬することを意識してか、横穴式石室は十分にスペースが確保されていることが多い。

追葬可能な横穴式石室の普及は、古墳の性格を大きく変えることになる。古墳に入る門戸が広がり、被葬者の家族も葬られるようになった。この家族墓的な性質はその後の日本の墓制に受け継がれ、先祖代々の墓を何代も継承するのが当たり前になった。

複数の死者を同じ場所に葬ることを「合葬《がっそう》」といい、1つの墳丘に2つの横穴式石室が設けられた古墳もある。奈良県明日香村にある牽牛子塚《けんごしづか》古墳もその1つで、横口式石槨《せっかく》が凝灰岩《ぎょうかいがん》の巨岩をくり抜いた2室構造になっている。『日本書紀』の記述から、37代斉明《さいめい》天皇と娘の間人《はしひと》皇女の合葬墓と推定される。他にも、明日香村には40代天武《てんむ》天皇と41代持統《じとう》天皇が合葬された野口王墓がある。崩御した持統天皇が飛鳥岡で火葬され、「大内山陵」に合葬されたことが『続日本紀《しょくにほんぎ》』に記されている。

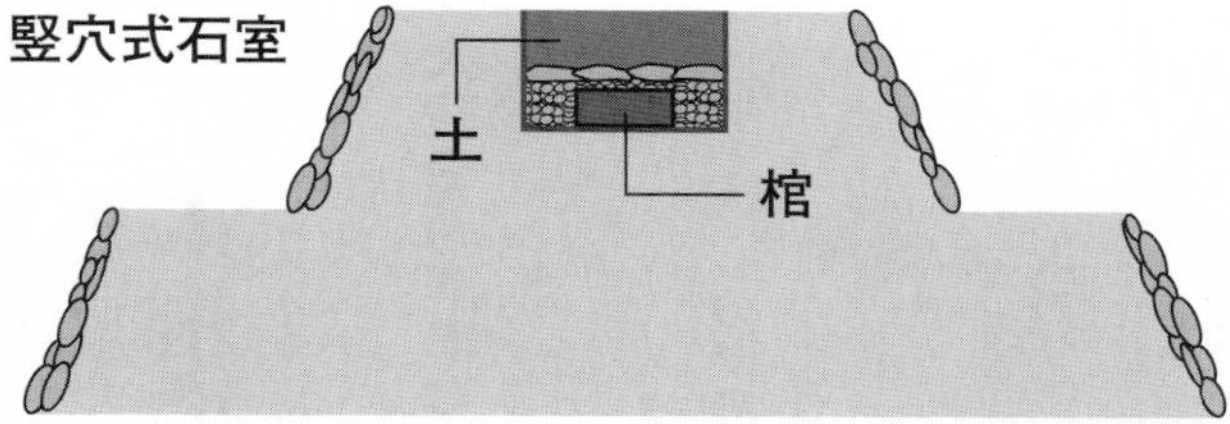

竪穴式石室は、墳丘に垂直に穴を掘り、棺の周囲に石類を積み上げ、数枚の石で天井を塞ぐ。埋葬後に開けることは難しい。

針塚古墳（長野県松本市）

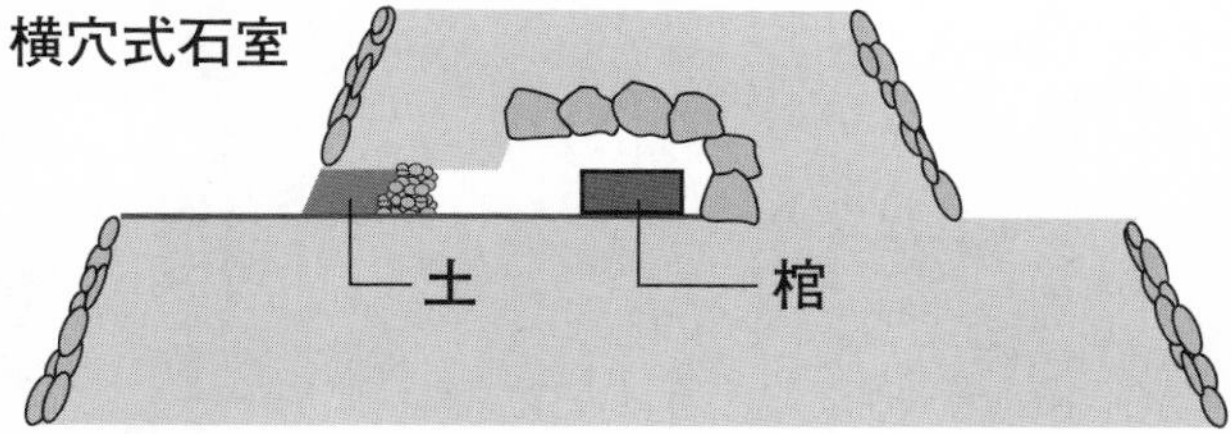

横穴式石室は墳丘の側面に、棺がある玄室と入り口を結ぶ羨道（せんどう）があり、入り口を開ければ再度、棺を納めることができる。

こうもり塚古墳（岡山県総社市）

海外からもたらされた最新テクノロジー
巨大古墳の築造に携わった「渡来人」

大陸や朝鮮半島からやってきた渡来人

同じ前方後円墳でも、前期と後期では見栄《みば》えが異なる。後期になるほど前方部が発達し、末広がりのスタイルになった。これ以降、古墳の規模が徐々に縮小し、やがて前方後円墳そのものが築かれなくなった。

一方で、前方部や後円部の形状や比率が同じ古墳もある。例えば、百舌鳥《もず》古墳群にある履中《りちゅう》天皇陵古墳を約80パーセント縮小すると、古市古墳群にある仲津山古墳（仲姫《なかつひめの》命《みこと》陵）と一致する。また、百舌鳥古墳群のニサンザイ古墳を約66パーセント縮小すると、日本《やまと》武尊《たけるのみこと》の最後の墓とされる白鳥陵古墳とほぼ同じ形状になる。さらに、応神《おうじん》天皇陵古墳（誉田御廟山《こんだごびょうやま》古墳）を約50パーセント縮小すると、同じ古市古墳群にある墓山古墳と一致する。

どんなに形状が同じでも、偶然でこれだけ似通わせるのは難しい。これまで古墳の設計図が発見されたことはないが、精密な古墳の設計図があったとみられる。古代の工人たちは精巧な技術を駆使し、正確なフォーマットに沿って古墳を築造したが、それを成すのに貢献したのが土師《はじ》氏だった。土師氏は埴輪の制を考案したと伝わる野見宿禰《のみのすくね》の末裔で、土木工事や土器製造を得意とした技術集団だった。彼らによって古墳築造は大きな進化を遂げ、古墳文化の担い手となった。

さらに、巨大古墳の築造には大陸や朝鮮半島との関係も無視することができない。古墳が巨大になればなるほど、築造には正確な土木技術や築造の適地を見定める知識、築造にかかわる人々のためのインフラ整備といった総合的なテクノロジーが必要になったが、そこで活躍したのが「渡来人」だった。

土木工事に役立つ鉄器の生産が盛んに

渡来人は、古墳時代に大陸や朝鮮半島から倭国にやってきた人たちのことで、それまでの日本列島にはない技術力や知識を有していた。ヤマト王権や豪族たちは彼らを積極的に受け入れ、渡来人が集住した痕跡がある遺跡も発見されている。

古墳築造では作業を効率よく進めるため、鉄を用いた工具も活躍した。当時の日本列

墓山古墳
応神天皇陵古墳の陪塚(ばいちょう)である墓山古墳の墳丘長は約225mを誇り、墓山古墳自体も陪塚を持つ。
国土地理院 提供

応神天皇陵古墳
体積では日本一の規模を誇る。応神天皇陵古墳を約50%縮小すると墓山古墳の墳形と一致する。
国土地理院 提供

島は鉄の自給ができなかったので、朝鮮半島から鉄の素材を輸入していた。さらに、鉄を鍛冶《かじ》加工する工人（技術者）が渡来したことで、日本列島における鉄鍛冶技術が急速に発展していった。

5〜6世紀に築造された古墳からは、高度な鍛冶技術を要する鉄製品が副葬品として出土している。韓国の池山洞《チサンドン》古墳群では日本製とみられる鉄製鎧が出土しており、日本の鉄製品が朝鮮半島に輸出されるほど鍛冶技術が向上した。

当時は鉄の原料である鉄鉱

石の産地が限られていたので、砂鉄をメインにした製鉄が行われた。粘土でつくった炉に原料の砂鉄あるいは鉄鉱石と木炭を入れ、風を送って炉内の温度を上げる「たたら」と呼ばれる製法で鉄をつくった。「たたら」という呼び名の由来は諸説あるが、『古事記』には百済《くだら》や新羅《しらぎ》との交渉の場として、「たたら場」「たたら津」という言葉が出てくる。そのため、この製法も朝鮮半島から伝わったものの1つとされる。

ヤマト王権の拠点である大和・河内地域では、多くの鍛冶工房跡が確認されている。大和川流域では大県《おおがた》遺跡群や脇田遺跡群、淀川流域では森遺跡群などに、大規模な鍛冶工房の跡が確認されている。土木工事に使うために必要な鉄器を生産するため、巨大な前方後円墳の建設地の近くに工房が設けられた。しかし、大型古墳群の築造の盛期がすぎることで必然性が薄れ、徐々に姿を消していった。

近世に石垣築造の技能集団として活躍した穴太衆《あのう》は、近江国滋賀郡穴太村に居住した渡来系氏族の穴太《あなほ》氏が由来という説もある。また、「滋賀」の地名は、「石が多い場所」という意味で「シカ（石処）」が転じたともいわれる。

幾何学模様で表現された古代の死生観

なぜ九州に「装飾古墳」が多いのか

装飾古墳に描かれた幾何学文様の正体

古墳の中で、内部の壁や石棺に装飾を施した古墳を「装飾古墳」という。4世紀末頃から7世紀頃まで築かれ、「古代のアート」として注目を集めている。

装飾古墳は時代と共に変化していったが、主な方法は、浮き彫り、線刻、彩色である。装飾古墳に描かれた幾何学文様には、太陽や星、鏡などを表したとみられる円文《えんもん》(同心円文)、直線と弧線を組み合わせた直弧文《ちょっこもん》、連続三角文、菱形文、渦巻き文などがある。こうした模様が何を意味するのかは、研究者の間でも意見が分かれる。

当初は石棺の蓋《ふた》などに浮き彫りや線刻を施した単純なものだったが、やがて装飾は石室全体へと広がった。さらに時代が下ると、壁面に彩色が施されるようになり、幾何学文様以外にも人物や武具、馬などの図柄も描かれるようになった。

5世紀後半になると、彩色で石室を鮮やかに染める装飾へと進化を遂げた。6世紀には浮き彫りを基調にした線刻がなくなり、彩色だけで文様が描かれるようになった。装飾古墳には刀や楯、弓などの武器や防具、鳥や魚といった鳥獣、馬や船などの移動手段、人間などが描かれ、なかには空想上の生き物もあった。時に神秘的に、時にダイナミックに描かれており、「馬や船に乗って死後の世界に行く」という古代の死生観を表したともいわれる。

装飾古墳の種類は、つくられた時期や装飾方法・内容から、大きく4種類に分かれる。4世紀の終わり頃からつくられた「石棺系装飾古墳」は、石棺の側面や蓋《ふた》に幾何学的な文様を浮き彫りや線刻で表したものだ。「石障系装飾古墳」は4世紀末から5世紀初め頃に築かれたもので、ほぼ正方形の墓室に、円文や盾などを浮き彫りや線刻で表現した石障が立てめぐらされている。さらに、鮮やかな彩色で装飾文様が描かれた「壁画系装飾古墳」、横穴墓に装飾が描かれた「横穴系装飾古墳」に分類される。

装飾古墳は「見せる埋葬施設」だったのか

装飾古墳は全国に600~700ヶ所あるが、約半数が九州地方にある。特に多いのが熊本県と福岡県で、熊本県山鹿《やまが》市にあるチブサン古墳、福岡県桂川《けいせん》町の王塚古墳など

再現された王塚古墳
福岡県桂川町にある王塚古墳の石室内部は、5色の三角形が並ぶ
幾何学模様が並び、天井部には円形の文様が散りばめられている。

再現されたチブサン古墳の石室
熊本県山鹿市にあるチブサン古墳の石室は、四角形が並ぶ。特徴的な紋様が女性
の乳房に似ていることから、「乳房さん」が訛って「チブサン」と呼ばれるようになった。

が有名である。

なぜ九州でこのような古墳が築かれているのか、理由は定かでない。一説には高句麗《こうくり》など、朝鮮半島の装飾古墳文化とかかわりがあったともいわれる。関東地方に約100基、近畿と東北にもそれぞれ約40基の装飾古墳があり、九州から全国に広まったと考えられる。

『装飾古墳の謎』（文藝春秋）の著者で、40年以上にわたって装飾古墳を研究してきた九州国立博物館学芸部長の河野一隆氏は、「日本人の死生観の変化が、装飾古墳を生み出した」と述べる。

古代の墓は「隠す埋葬」と「見せる埋葬」に分類され、かつては死者との接触を避けるため、遺骸を生きている者の目に触れない場所に隠すのが一般的だった。遺体を安置した後、天井石を何枚も積んで蓋をする竪穴式石室は、その象徴ともいうべき存在である。一方で、装飾古墳は「死者が墓の中で生活する」という死生観に基づいている。河野氏は古墳内部の装飾を、「死者に見せるため、あるいは死者に会いに古墳を訪れる者に見せるために施したもの」としている。

ちなみに、古墳の壁画というと奈良県明日香村の高松塚古墳やキトラ古墳を思い浮かべがちだが、これらは装飾古墳とは系統が異なり、「壁画古墳」と呼ばれる。古墳の壁画でも例外的な存在で、古墳時代の終末期（7世紀末~8世紀初頭）に築かれた。

監修者紹介

瀧音能之（たきおと・よしゆき）

昭和28年（１９５３）生まれ。駒澤大学文学部歴史学科教授。著書・監修書に『出雲古代史論攷』（岩田書院）、『図説 出雲の神々と古代日本の謎』（青春出版社）、『古代史再検証 蘇我氏とは何か』『日本の古代史 飛鳥の謎を旅する』『完全図解 日本の古代史』『日本の古代史 ヤマト王権』『日本古代史の謎』『最新学説で読み解く日本の古代史』（すべて宝島社）などがある。

◉ 主な参考文献 ◉

図説『日本書紀』と『宋書』で読み解く! 謎の四世紀と倭の五王
瀧音能之　青春出版社

封印された古代史の謎大全　瀧音能之　青春出版社

日本の古代史 ヤマト王権　瀧音能之 監修　宝島社

日本の古代豪族 発掘・研究最前線　瀧音能之 監修　宝島社

古代史の定説を疑う　瀧音能之、水谷千秋 監修　宝島社

古代史再検証 蘇我氏とは何か　瀧音能之 監修　宝島社

日本の古代史 発掘・研究最前線　瀧音能之 監修　宝島社

カラー版 地形と地理でわかる神社仏閣の謎　古川順弘・青木 康　宝島社

カラー版 地形と地理でわかる京都の謎　青木 康・古川順弘　宝島社

都心から行ける日帰り古墳 - 関東1都6県の古墳と古墳群102
日帰り古墳推進委員会 編　ワニブックス

巨大古墳と古代天皇陵の謎　洋泉社

天皇と古代史　宝島社

新日本考古学辞典　江坂輝彌・芹沢長介・坂詰秀一 編
ニューサイエンス社

前方後円墳とはなにか　広瀬和雄　中央公論新社

日本の古墳はなぜ巨大なのか 古代モニュメントの比較考古学
国立歴史民俗博物館・松木武彦・福永伸哉・佐々木憲一 編　吉川弘文館

歴史文化ライブラリー319 古墳　土生田純之、吉川弘文館

古墳とはなにか 認知考古学からみる古代　松木武彦　KADOKAWA

考古学から学ぶ古墳入門　松木武彦編著　講談社

古墳のひみつ 見かた・楽しみかたがわかる本 改訂版 古代遺跡めぐり超入門
古代浪漫探究会　メイツ出版

日本全国 古墳学入門　土生田純之　学生社

古墳の地図帳 古代史めぐりの旅がもっと楽しくなる!　辰巳出版

シリーズ「遺跡を学ぶ」最初の巨大古墳 箸墓古墳　清水眞一　新泉社

シリーズ「遺跡を学ぶ」ビジュアル版 古墳時代ガイドブック
若狭 徹　新泉社

地形と海路から解き明かす! あなたの知らない古代史　辰巳出版

装飾古墳の謎　河野一隆　文藝春秋

編　集　青木 康(杜出版株式会社)
執筆協力　常井宏平、郡 麻江、青木 康
本文デザイン・DTP　川瀬 誠
図版協力　杜出版株式会社
写真協力　アフロ
PPS通信社
PIXTA
国立国会図書館
国土地理院

宝島社新書

巨大古墳の古代史
新説の真偽を読み解く
(きょだいこふんのこだいし　しんせつのしんぎをよみとく)

2023年9月22日　第1刷発行

監　修　瀧音能之
発行人　蓮見清一
発行所　株式会社宝島社
〒102-8388 東京都千代田区一番町25番地
電話・編集　03(3239)0928
営業　03(3234)4621
https://tkj.jp
印刷・製本　サンケイ総合印刷株式会社

本書の無断転載・複製を禁じます。
乱丁・落丁本はお取り替えいたします。
© Yoshiyuki Takioto 2023
Printed in Japan
ISBN 978-4-299-04720-5